Scratch

Programming 알고리즘 **활용**

코딩스쿨 스크래치_알고리즘 활용 자료 다운로드 방법 ········▶

다음 페이지

스크래치_알고리즘 활용

1 렉스미디어 홈페이지(http://www.rexmedia.net)에 접속한 후 [자료실]–[대용량 자료실]을 클릭합니다.

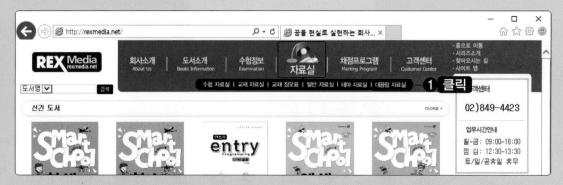

2 렉스미디어 자료실 페이지가 표시되면 [프로그래밍] 폴더의 [스크래치] 폴더를 클릭합니다.

3 스크래치 관련 페이지가 표시되면 [스크래치_알고리즘활용.zip] 파일을 클릭합니다.

4 파일 다운로드에 관한 대화상자가 표시되면 다운로드 한 후 **압축 파일을 해제**합니다.

5 [스크래치_알고리즘활용.zip] 파일의 압축을 해제하면 교재의 예제 및 완성 파일을 Chapter별로 확인할 수 있습니다.

이 책의 구성

학습 제목
오늘 학습할 제목 및 기본 개념을 설명합니다.

블록 조립 및 순서도
학습 내용의 설명을 블록 및 순서도를 이용하여 자세히 설명합니다.

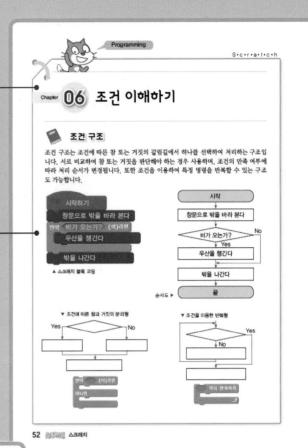

Programming

S·c·r·a·t·c·h

Chapter **06** 조건 이해하기

조건 구조
조건 구조는 조건에 따른 참 또는 거짓의 갈림길에서 하나를 선택하여 처리하는 구조입니다. 서로 비교하여 참 또는 거짓을 판단해야 하는 경우 사용하며, 조건의 만족 여부에 따라 처리 순서가 변경됩니다. 또한 조건을 이용하여 특정 명령을 반복할 수 있는 구조도 가능합니다.

▲ 스크래치 블록 코딩

순서도 ▶

▼ 조건에 따른 참과 거짓의 분리형

▼ 조건을 이용한 반복형

52 스크래치

---

02 스크래치 · 전기의 작동 스위치 만들기

건전지와 전등이 연결된 스위치의 ON, OFF에 따라서 전등의 불이 켜지거나 꺼지는 동작을 만들어 봅니다.

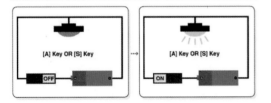

[A] Key OR [S] Key ··· [A] Key OR [S] Key

OFF ··· ON

?! 알고 넘어갑시다!

[관찰] 스크립트의 키보드 키 변경하기
[관찰] 스크립트의 블록에서 을 클릭하면 키 목록이 표시되며, 변경할 키보드의 키를 선택하면 선택한 키로 키보드의 키가 설정됩니다.

블록 구성

스프라이트	블록	설명
[제어]		만약 〈조건〉이 맞으면 바로 아래의 블록들을 실행하고 그렇지 않으면 '아니면' 블록 아래의 블록들을 실행합니다.
[연산]		마우스를 클릭했는지 확인합니다.
[펜]		무대에 펜 또는 도장의 자국 등을 모두 지웁니다.

작품 만들기
학습 내용을 기준으로 작품을 만들면서 실제 적용해 봅니다.

알고 넘어갑시다!
학습의 핵심이 되는 기능을 자세하게 설명합니다.

블록 구성
학습에 사용하는 중요한 블록을 자세하게 설명합니다.

Chapter 06 – 조건 이해하기 55

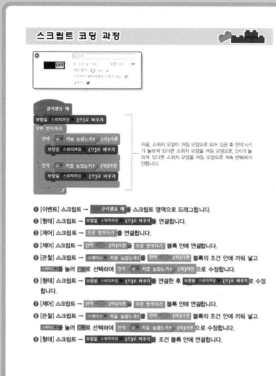

스크립트 코딩 작업
작품에 사용되는 스프라이트 및 스크립트 블록의 기능을 설명합니다.

블록 연결 방법
스크립트 창의 블록을 연결하는 과정을 순서대로 자세하게 설명합니다.

단원 종합 평가문제
문제 풀이를 통해 학습 내용을 정리하며, 다양하게 활용할 수 있도록 도와줍니다.

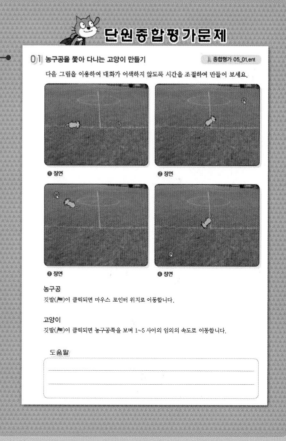

단원종합평가문제

01 농구공을 쫓아 다니는 고양이 만들기 ⬥ 종합평가 05_01.ent

다음 그림을 이용하여 대화가 어색하지 않도록 시간을 조절하여 만들어 보세요.

❶ 장면　　❷ 장면

❸ 장면　　❹ 장면

농구공
깃발(⚑)이 클릭되면 마우스 포인터 위치로 이동합니다.

고양이
깃발(⚑)이 클릭되면 농구공쪽을 보며 1~5 사이의 임의의 속도로 이동합니다.

도움말

이 책의 차례

Scratch

알고리즘 활용

Chapter 01 스크래치 사용하기

 스크래치란?

스크래치는 누구나 무료로 소프트웨어 교육을 받을 수 있게 개발된 프로그래밍 교육 플랫폼입니다.

 스크래치의 기능

만들기

블록형 프로그래밍 언어로 레고 블록처럼 끌어다 놓으면서 코딩할 수 있어 누구나 손쉽게 프로그램을 구현할 수 있습니다.

웹에서 바로 실행하며, 도움말 기능을 통해 튜토리얼 도움 및 프로젝트를 따라 기본 기능을 익힐 수 있고 만들어진 프로그램은 계정을 통해 웹에 저장하거나 컴퓨터 등에 저장할 수 있습니다.

탐험하기

[프로젝트] 및 [스튜디오] 등을 통해 내가 만든 프로젝트를 서로 공유하고 공유된 프로젝트를 통해 배울 수 있는 교육 플랫폼으로 다양한 콘텐츠를 포함하고 있습니다.

토론하기

국가별 토론방에 궁금한 사항을 질문하고 알고 있는 정보를 통해 정보도 공유해 주면서 서로 토론을 통해 배울 수 있는 공간입니다.

01 스크래치 · 웹에서 사용하기

> 스크래치는 다양한 웹 브라우저를 통해 접속하여 실행할 수 있지만 가장 최적화 된 웹 브라우저는 구글 크롬이며, 스크래치(scratch.mit.edu)에 접속하여 실행합니다.

웹에서 스크래치 실행하기

❶ 스크래치 사이트(scratch.mit.edu)에서 [만들기]를 클릭합니다.

❷ 스크래치 프로그램이 실행됩니다.

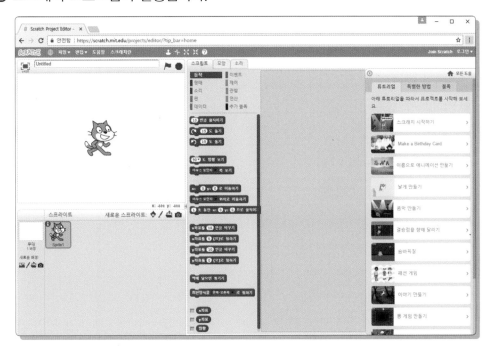

02 스크래치 · 오프라인에서 사용하기

오프라인 컴퓨터에서 실행하기 위해서는 설치 파일을 다운로드 받아 설치 과정을 진행한 다음 프로그램을 실행할 수 있습니다.

웹에서 설치 파일 다운로드 받기

❶ 스크래치 사이트(scratch.mit.edu)에서 [도움말]을 클릭한 후 [Offline Editor]를 클릭합니다.

❷ 다운로드 화면이 표시되면 운영체제에 맞는 Adobe AIR 및 스크래치 오프라인 에디터 프로그램을 선택하여 설치합니다.

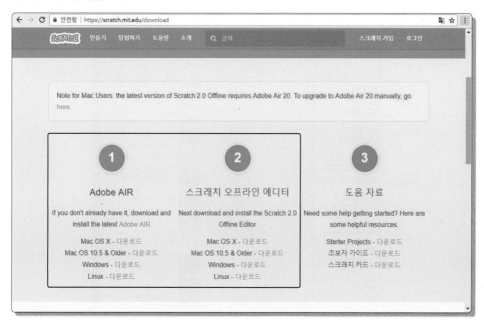

03 스크래치 · 스크래치 계정 등록하기

스크래치의 계정 등록은 [스크래치 가입]을 클릭하여 등록하며, 계정에 등록한 경우 [내 작업실]을 통해 완성한 프로젝트를 공유하거나 스튜디오에 등록하여 사용할 수 있습니다.

웹에서 계정 가입하기

❶ 스크래치 사이트(scratch.mit.edu)에서 [스크래치 가입]을 클릭한 후 가입 과정을 진행합니다.

알고 넘어갑시다!

스크래치 가입 과정 살펴보기

스크래치의 가입 과정에는 스크래치에 사용할 사용자 이름 및 비밀번호 등을 만들고 생년월일 및 성별, 국가, 이메일 주소 등을 기록하여 가입할 수 있습니다.

❷ 계정에 등록한 경우 본인의 계정 이름에서 [내 작업실]을 클릭하면 만들어 놓은 프로젝트 및 스튜디오 정보를 확인할 수 있습니다.

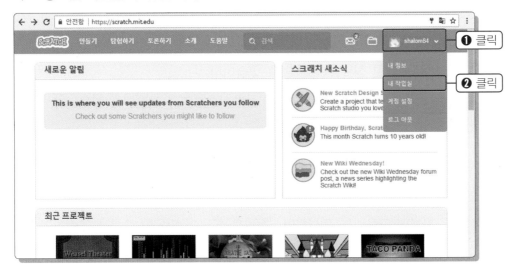

04 스크래치 · 스크래치의 화면 구성 살펴보기

스크래치의 화면 구성은 메뉴 창과 무대 및 스프라이트, 작업 영역 등으로 나누어 구성 되며, 각각의 기능은 다음과 같습니다.

스크래치의 메뉴 및 툴바 구성

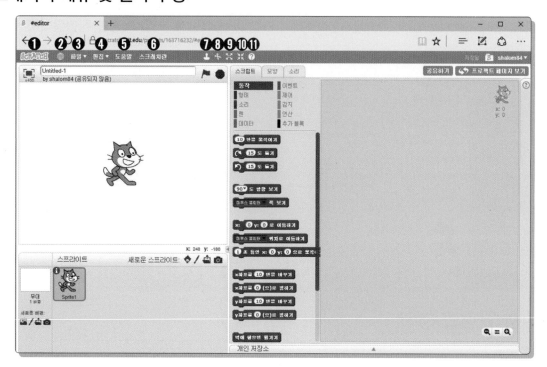

❶ Scratch : 스크래치 메인 화면으로 이동합니다.

❷ 언어 선택(🌐) : 스크래치 프로그램의 언어를 선택할 수 있습니다.

❸ 파일 : 새로 만들기 및 저장하기, 복사본 저장하기, 내 작업실로 이동하기, 내 컴퓨터에서 프로젝트 업로드하기, 내 컴퓨터에서 프로젝트 다운로드하기, 동영상 녹화 및 저장 등을 실행할 수 있습니다.

❹ 편집 : 삭제취소 및 무대 크기 줄이기, 터보 모드 등을 설정할 수 있습니다.

❺ 도움말 : 튜토리얼 및 특별한 방법(효과 및 애니메이션 등)과 블록에 대한 도움말 등을 확인할 수 있습니다.

❻ 스크래치란 : 스크래치에 대한 정보를 확인할 수 있습니다.

❼ 복사(📥) : 스크립트를 복사하며, 클릭 후 원하는 스프라이트를 선택하여 실행합니다.

❽ 삭제(✂) : 스크립트를 삭제하며, 클릭 후 삭제할 스프라이트를 선택하여 실행합니다.

❾ 확대(🔲) : 스크립트를 확대하며, 클릭 후 확대할 스프라이트를 클릭하여 원하는 만큼 확대합니다.

❿ 축소(🔳) : 스크립트를 축소하며, 클릭 후 축소할 스프라이트를 클릭하여 원하는 만큼 축소합니다.

⓫ 블록 도움말(❓) : 블록의 도움말을 표시하며, 클릭 후 도움이 필요한 블록을 클릭하여 정보를 확인합니다.

실행 창

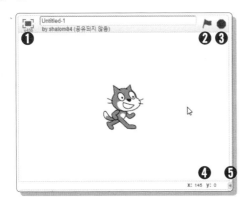

❶ **화면 확대(▣)** : 실행 창을 전체 화면으로 확대할 수 있으며, 확대된 상태에서 화면 복귀(▪▪▪)를 클릭하면 이전 크기로 복귀합니다.

❷ **실행(▶)** : 프로그램을 실행합니다.

❸ **중지(●)** : 실행 중인 프로그램을 중지합니다.

❹ **포인터 위치** : 마우스 포인터의 위치를 좌표로 표시합니다.

❺ **창 조절 단추(◀)** : 실행 창과 무대 및 스프라이트 등의 공간을 확대 또는 축소합니다.

무대 및 스프라이트

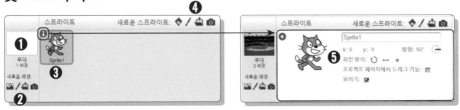

❶ **무대** : 프로그램의 배경이 되는 그림을 표시하며 팔레트 영역에서 무대의 스크립트, 배경, 소리 등을 지정할 수 있습니다.

❷ **새로운 배경** : 새로운 배경을 저장소(🖼)에서 불러오거나 배경 새로 그리기(✏), 컴퓨터에서 배경 파일 업로드하기(📤), 웹캠으로 배경찍기(📷) 등으로 추가할 수 있습니다.

❸ **스프라이트** : 스크래치에서 사용하는 캐릭터 및 소품 등의 개체를 의미하며, 원하는 스프라이트 및 모양, 소리 등을 지정할 수 있습니다.

❹ **새로운 스프라이트** : 새로운 스프라이트를 저장소(◆)에서 불러오거나 새 스프라이트 그리기(✏), 컴퓨터에서 스프라이트 업로드하기(📤), 카메라로부터 새 스프라이트 만들기(📷) 등으로 추가할 수 있습니다.

❺ **스프라이트 정보** : 스프라이트의 이름 및 방향, 회전 방식(↻/↔/●) 등의 수정 및 좌표 표시와 프로젝트 페이지에서 드래그 가능 및 보이기 등의 체크 또는 체크 해제할 수 있습니다.

스크립트 영역

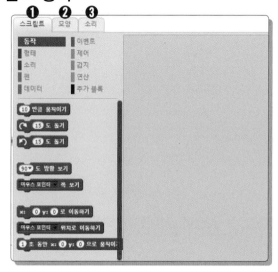 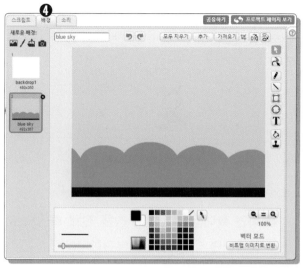

❶ **스크립트** : 스프라이트를 움직일 수 있는 다양한 명령어 블록 묶음을 [이벤트], [동작], [제어], [형태], [감지], [소리], [연산], [펜], [데이터], [추가 블록] 등으로 구분하며, 이름을 클릭하여 관련 블록을 스크립트 목록에 표시할 수 있습니다.

❷ **모양** : 스프라이트를 선택할 경우 표시되는 탭으로 선택한 스프라이트의 움직이는 동작과 같은 모양을 추가 및 수정, 삭제할 수 있습니다.

❸ **소리** : 스프라이트의 소리 효과음을 추가 및 삭제, 편집 등을 할 수 있으며, 새로운 소리를 녹음하여 추가할 수도 있습니다.

❹ **배경** : 무대를 선택할 때 표시되는 탭으로 배경 목록을 표시하며, 배경을 추가 및 수정, 삭제할 수 있습니다.

스크립트 영역의 블록 연결 및 삭제

스크립트 영역은 블록을 연결하여 프로그램 코딩을 완성하는 공간으로 마우스로 드래그하여 블록과 블록을 끼워 맞추며 스크립트를 작성합니다.

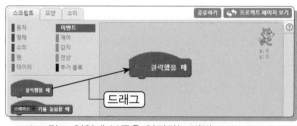 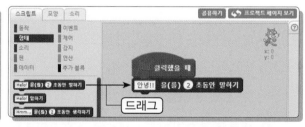

▲ 스크립트 영역에 블록을 연결하는 방법

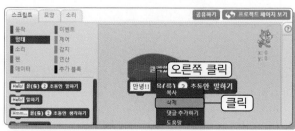

▲ 스크립트 영역의 블록을 삭제하는 방법

단원종합평가문제

01 스크래치 화면에서 표시하는 구성 요소의 기능을 적어 보세요.

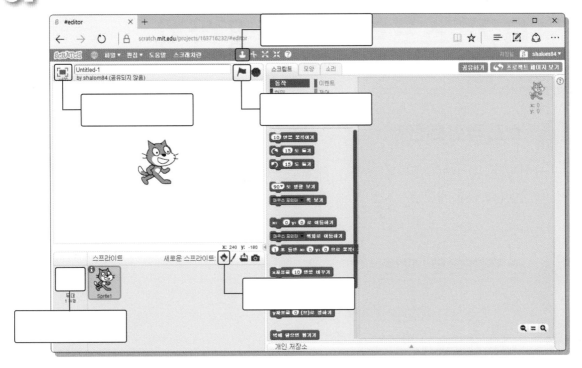

02 스크래치 프로그램을 시작한 후 스크립트 영역에서 다음과 같이 블록을 연결한 후 실행해 보세요.

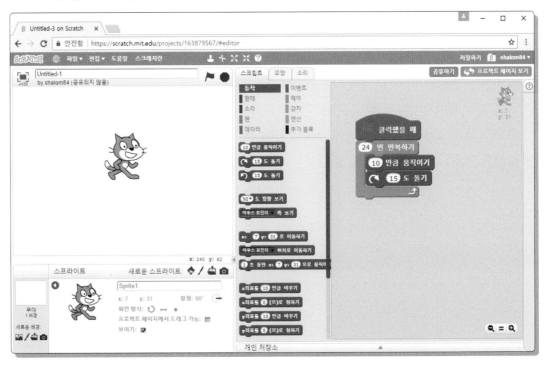

Chapter **02** 스프라이트 사용하기

 스프라이트란?

스프라이트는 스크래치에서 사용하는 개체를 의미하며, 엔트리의 오브젝트와 같은 개념으로 화면에서의 캐릭터, 소품 등의 도구를 의미합니다.

 스프라이트 정보

❶ **스프라이트 이름** : 스프라이트의 이름으로 사용자에 의해 변경할 수 있습니다.

❷ **위치** : 스프라이트의 위치를 좌표(x, y)로 표시합니다.

❸ **방향** : 스프라이트의 방향을 표시하며, 마우스로 드래그하여 수정할 수 있습니다.

❹ **회전 방식** : 스프라이트의 방향을 회전(↻), 좌우로만 회전(↔), 회전이 불가능(●) 중에서 선택하여 설정할 수 있습니다.

❺ **프로젝트 페이지에서 드래그 가능** : 스프라이트가 전체 화면 모드 또는 웹 상에서 실행시 마우스 드래그로 이동 또는 이동되지 않도록 설정할 수 있습니다.

❻ **보이기** : 스프라이트를 무대에 표시 또는 숨길 수 있습니다.

01 스크래치 · 새로운 스프라이트 추가(저장소)

스크래치에서 사용하는 스프라이트를 저장소를 이용하여 추가하고 삭제하는 방법에 대해 알아봅니다.

스프라이트 추가하기

[스프라이트] 영역의 새로운 스프라이트 항목에서 ◆[저장소에서 스프라이트 선택]을 클릭한 후 [스프라이트 저장소] 대화상자에서 원하는 스프라이트를 선택한 다음 [확인] 단추를 클릭합니다.

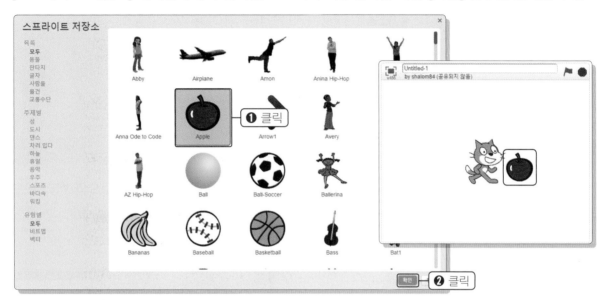

스프라이트 삭제하기

툴바의 ✂[삭제]를 클릭한 후 삭제하고자 하는 스프라이트를 클릭하거나 스프라이트 영역에서 삭제할 스프라이트를 선택한 다음 바로 가기 메뉴의 [삭제]를 클릭해도 삭제할 수 있습니다.

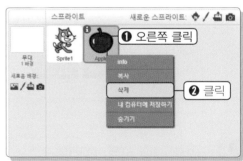

02 스크래치 · 새로운 스프라이트 추가

스크래치에서 사용하는 스프라이트를 새로 그리거나 컴퓨터를 이용한 업로드, 웹 카메라를 이용한 사진 찍기 방법으로 추가하는 방법에 대해 알아봅니다.

새 스프라이트 그리기

스프라이트 영역에서 /[새 스프라이트 그리기]를 클릭하면 [모양] 탭의 새로운 모양 목록에 새 모양(모양1)이 표시되며 비트맵 방식 또는 벡터 방식을 이용하여 스프라이트를 만들 수 있습니다.

비트맵 방식과 벡터 방식의 새 스프라이트 그리기

[모양] 탭에서 [비트맵 이미지로 변환] 또는 [벡터로 변환하기]를 클릭하여 비트맵 모드와 벡터 모드 등으로 바꾸며 해당하는 툴바를 사용하여 다양한 모양의 스프라이트를 완성할 수 있습니다.

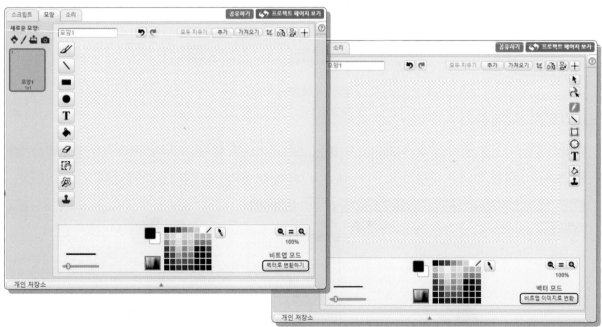

?! 알고 넘어갑시다!

비트맵 방식과 백터 방식

• 비트맵 방식 : 픽셀 단위로 개체를 이루며. 해상도의 크기에 따라 픽셀의 크기가 달라져 확대시 계단 현상이 나타납니다.
• 벡터 방식 : 점, 선, 면 등으로 이루고 있어 확대 및 축소를 해도 일정 두께의 선일 뿐이며, 왜곡 현상 없이 그대로의 두께를 나타냅니다.

스프라이트 파일 업로드하기

스프라이트 영역에서 ☝[스프라이트 파일 업로드하기]를 클릭한 후 대화상자가 표시되면 불러올 파일을 선택한 다음 [열기] 단추를 클릭하여 새 스프라이트로 추가할 수 있습니다.

카메라로부터 새 스프라이트 만들기

스프라이트 영역에서 📷[카메라로부터 새 스프라이트 만들기]를 클릭한 후 [카메라] 대화상자에서 스프라이트로 만들 이미지가 표시되면 [저장하기] 단추를 클릭하여 만듭니다.

03 스크래치 · 스프라이트 모양 추가 및 삭제

스프라이트의 모양은 스프라이트의 움직이는 동작 등 역동적인 표현을 위해 주로 사용하며, 하나의 스프라이트에 모양을 달리하여 표시할 때 사용합니다.

스프라이트 복사 후 모양 수정하기

스프라이트 모양 목록에서 복사할 스프라이트 모양의 바로 가기 메뉴의 [복사]를 클릭한 후 툴바(🔁)를 이용하여 모양을 수정합니다.

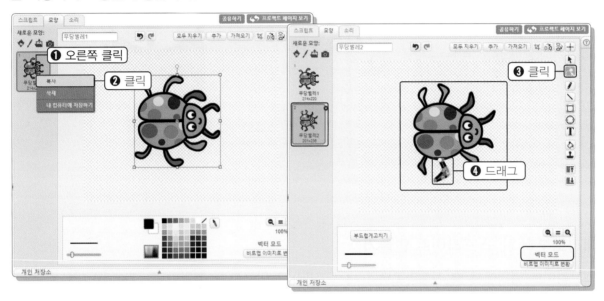

새로운 모양 도구를 이용하여 모양 추가하기

❶ **저장소에서 모양 선택** : 저장소에서 새로운 모양을 선택하여 추가합니다.

❷ **모양 새로 그리기** : 모양을 새로 그려 추가합니다.

❸ **모양 파일 업로드하기** : 모양 파일을 컴퓨터에서 불러와 추가합니다.

❹ **카메라로 새로운 모양 만들기** : 웹 카메라로 찍어 모양을 추가합니다.

?! 알고 넘어갑시다!

[추가] 및 [가져오기] 단추 활용하기

툴바로 제공하는 [추가] 단추의 경우 현재 선택된 모양에 추가로 저장소에서의 모양을 삽입하는 기능이며, [가져오기] 단추의 경우 현재 선택된 모양에 컴퓨터에 이미지 모양을 추가로 삽입하는 기능입니다.

단원종합평가문제

01 실행 화면에 무대의 배경 및 스프라이트를 다음과 같이 배치해 보세요.

- 무대 : playing-field
- 스프라이트 : Referee 및 Football 삽입 후 스프라이트 복사 및 모양 변경(편집)

02 실행 화면에 무대의 배경 및 스프라이트를 다음과 같이 배치해 보세요.

- 무대 : desert
- 스프라이트 : Squirrel, Umbrella 및 Calvrett 삽입 후 모양 편집

Chapter **03** 블록 코딩 이해하기

 코딩이란?

코딩이란 컴퓨터가 알아들을 수 있도록 명령어를 통해 프로그램을 작성하는 것을 의미합니다. 예를 들어 게임 중에 그림을 그려서 정답을 맞추는 게임이 있을 때, 정답을 연상하는 그림을 그려 맞추는 사람에게 정확한 정답을 얻을 수 있도록 이해하기 쉽게 설명하는 과정의 그림을 코딩으로 이해하면 쉽게 이해할 수 있습니다.

 블록 코딩이란?

블록 코딩이란 컴퓨터에서 명령을 내릴 때 사용하는 명령어를 레고 블록과 같이 만들어 블록들을 조합하여 다양한 명령어를 통해 컴퓨터에게 명령을 전달하도록 만든 프로그래밍 언어를 의미합니다. 블록으로 구성된 텍스트 위주의 어렵고 딱딱한 프로그램에서 쉽고 단순화되어 어린 아이들도 이해하기 쉽도록 만들어 놓은 프로그래밍 언어를 의미합니다.

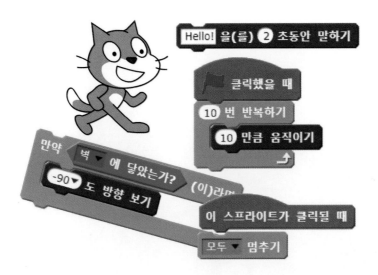

01 스크래치 · 명령어 블록

스크래치에서 사용하는 명령어 블록의 구분 방법을 알아봅니다.

블록 모양 이해하기

스크래치는 블록 모양의 프로그래밍 언어로 레고 브릭의 양각과 음각 모양처럼 명령어 블록이 만들어져 명령어를 서로 끼워 맞추듯 프로그램을 코딩할 수 있습니다.

모양	설명
	윗 부분이 모자와 같이 둥글게 생겼으며, 블록의 맨 위에 위치하게 됩니다. 깃발이 클릭되면, 특정 키를 누르면 등 이벤트가 발생할 때에 그 아래에 연결된 블록들을 실행하게 됩니다.
	블록 위쪽은 홈이 파이고 아래쪽은 튀어나와 블록과 블록을 서로 끼워 맞춤으로 서로 연결할 수 있는 명령어 블록입니다.
	블록 안쪽에 둥근원 모양의 구멍이 있는 명령어 블록( ) 등에 끼워 넣어 값(Numvers)을 전달할 수 있습니다.
	양쪽 끝이 뾰족한 모양으로 블록 안에 같은 모양의 구멍이 표시된 블록( ) 등에 끼워 넣어 참(True)/거짓(False)과 같은 불린값(Boolean Values)을 전달합니다.

블록 모양에 따른 연결 방법 알아보기

바깥 테두리가 둥근 모양은 블록 안의 둥근 모양의 구멍에 드래그하여 끼워 넣을 수 있으며, 바깥 테두리가 뾰족한 모양은 블록 안에 뾰족한 모양의 구멍에 드래그하여 끼워 넣을 수 있습니다.

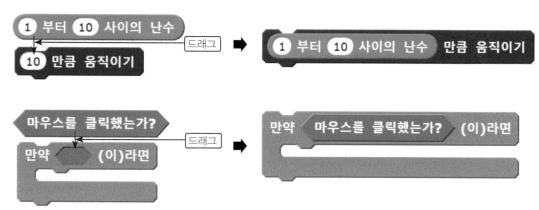

02 스크래치 · 블록 연결법 알아보기

명령어 블록의 복사 및 붙여넣기와 삭제 방법을 알아봅니다.

블록의 복사와 붙여넣기

- **현재 스프라이트의 블록 복사** : 스크립트 영역의 복사할 블록에서 바로 가기 메뉴의 [복사]를 클릭하거나 툴바에서 █[복사] 아이콘을 클릭한 후 복사할 블록을 선택합니다.

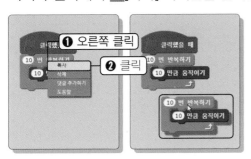 

- **다른 스프라이트로 블록 복사** : 복사할 블록을 드래그하여 스프라이트 영역의 붙여넣을 다른 스프라이트 위치에서 마우스를 떼면 드래그한 블록이 해당 스프라이트로 복사됩니다.

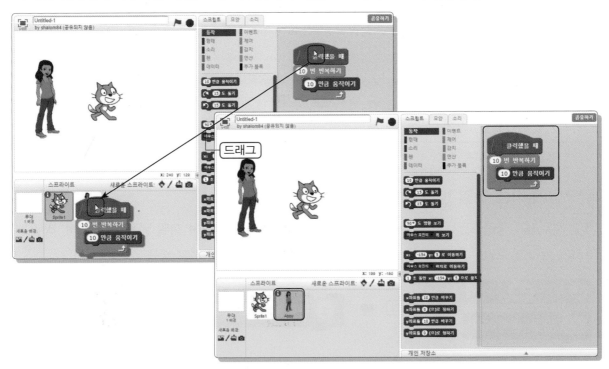

- **블록의 삭제** : 삭제할 블록에서 바로 가기 메뉴의 [삭제]를 클릭하거나 툴바에서 █[삭제] 아이콘을 클릭한 후 삭제할 블록을 선택합니다. 삭제할 블록을 스크립트 팔레트의 블록 목록으로 드래그해도 삭제할 수 있습니다.

03 스크래치 · 블록 도움말 알아보기

명령어 블록의 도움말 정보를 확인하는 방법에 대해 알아봅니다.

블록 도움말 실행 방법

• 도움이 필요한 블록에서 바로 가기 메뉴의 [도움말]을 클릭하면 화면 오른쪽에 해당 블록에 대한 정보 및 블록 사용법 등의 도움말 정보를 표시합니다.

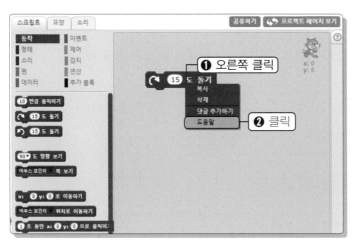
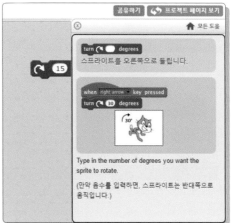

• 툴바에서 [?][도움말] 아이콘을 클릭한 후 도움이 필요한 블록을 클릭하면 화면 오른쪽에 해당 블록에 대한 정보 및 블록 사용법 등의 도움말 정보를 표시합니다.

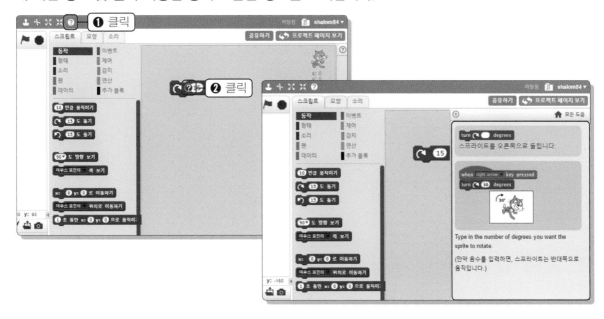

▌[이벤트] 스크립트

모양	설명
클릭했을 때	초록색 깃발(⚑)을 클릭할 때 하단의 스크립트 명령 블록을 실행합니다.
스페이스 ▼ 키를 눌렀을 때	키보드의 지정된 키를 눌렀을 때 하단의 스크립트 명령 블록을 실행합니다.
이 스프라이트가 클릭될 때	이 스프라이트를 마우스로 클릭했을 때 하단의 스크립트 명령 블록을 실행합니다.
배경이 backdrop1 ▼ (으)로 바뀌었을 때	선택한 배경으로 바뀌었을 때 하단의 스크립트 명령 블록을 실행합니다.
음량 ▼ > 10 일 때	음량, 타이머, 비디오 동작 중에서 선택한 동작이 입력값보다 클 경우 하단의 스크립트 명령 블록을 실행합니다.
메시지1 ▼ 을(를) 받았을 때	지정된 메시지를 받았을 때 하단의 스크립트 명령 블록을 실행합니다.
메시지1 ▼ 방송하기	모든 스프라이트에 지정된 메시지를 방송합니다.
메시지1 ▼ 방송하고 기다리기	모든 스프라이트에 지정된 메시지를 방송하고 끝나기를 기다립니다.

■[동작] 스크립트

모양	설명
10 만큼 움직이기	현재 위치에서 현재 진행 방향으로 입력값만큼 이동합니다.
↻ 15 도 돌기	현재 방향에서 입력값만큼 오른쪽으로 회전합니다.
↺ 15 도 돌기	현재 방향에서 입력값만큼 왼쪽으로 회전합니다.
90▼ 도 방향 보기	지정된 방향을 바라봅니다. (90 : 오른쪽, −90 : 왼쪽, 0 : 위쪽, 180 : 아래쪽)
마우스 포인터 ▼ 쪽 보기	마우스 포인터 또는 선택한 스프라이트 쪽을 바라봅니다.
x: 0 y: 0 로 이동하기	입력된 x, y 좌표 위치로 스프라이트의 위치를 이동합니다.
마우스 포인터 ▼ 위치로 이동하기	마우스 포인터 또는 선택한 스프라이트 위치로 이동합니다.
1 초 동안 x: 0 y: 0 으로 움직이기	현재 위치에서 입력된 시간동안 입력된 x, y 좌표 위치로 이동합니다.
x좌표를 10 만큼 바꾸기	현재 위치에서 입력값만큼 x 좌표 위치를 이동합니다.
x좌표를 0 (으)로 정하기	현재 위치에서 입력값만큼 x 좌표 위치를 정합니다.
y좌표를 10 만큼 바꾸기	현재 위치에서 입력값만큼 y 좌표 위치를 이동합니다.
y좌표를 0 (으)로 정하기	현재 위치에서 입력값만큼 y 좌표 위치를 정합니다.
벽에 닿으면 튕기기	스프라이트가 벽에 닿으면 회전 방향을 반대 방향으로 바꿉니다.
회전방식을 왼쪽-오른쪽 ▼ 로 정하기	회전 방식을 지정합니다. (왼쪽-오른쪽 : 좌우 회전 가능, 회전하지 않기 : 회전할 수 없음, 회전하기 : 360도 회전 가능)
x좌표	현재 스프라이트의 x 좌표값을 알려줍니다.
y좌표	현재 스프라이트의 y 좌표값을 알려줍니다.
방향	현재 스프라이트의 방향을 알려줍니다.

▌[형태] 스크립트

모양	설명
Hello! 을(를) 2 초동안 말하기	입력한 문자를 지정된 시간동안 말풍선으로 표시합니다.
Hello! 말하기	입력한 문자를 말풍선으로 표시합니다.
Hmm... 을(를) 2 초동안 생각하기	입력한 문자를 지정된 시간동안 생각하는 것처럼 구름풍선 모양으로 표시합니다.
Hmm... 생각하기	입력한 문자를 생각하는 것처럼 구름풍선 모양으로 표시합니다.
보이기	스프라이트를 무대에서 보입니다.
숨기기	스프라이트를 무대에서 숨깁니다.
모양을 costume2 (으)로 바꾸기	스프라이트의 모양을 지정된 모양으로 바꿉니다.
다음 모양으로 바꾸기	스프라이트의 모양을 목록에 표시된 모양의 순서대로 바꿉니다.
배경을 backdrop1 (으)로 바꾸기	무대의 배경을 지정된 배경으로 바꿉니다.
색깔 효과를 25 만큼 바꾸기	색깔, 어안 렌즈, 소용돌이, 픽셀화, 모자이크, 밝기, 반투명 등을 현재의 효과에서 입력값만큼 바꿉니다.
색깔 효과를 0 (으)로 정하기	색깔, 어안 렌즈, 소용돌이, 픽셀화, 모자이크, 밝기, 반투명 등의 효과를 입력값에 해당하는 효과로 바꿉니다.
그래픽 효과 지우기	스프라이트에 적용된 그래픽 효과를 모두 지웁니다.
크기를 10 만큼 바꾸기	스프라이트의 크기를 현재의 크기에서 입력값만큼 바꿉니다.
크기를 100 % 로 정하기	스프라이트의 크기를 원본 크기에서 입력값의 비율(%)로 바꿉니다.
맨 앞으로 순서 바꾸기	스프라이트가 겹쳐 있을 경우 맨 앞에 보이도록 바꿉니다.
1 번째로 물러나기	스프라이트가 겹쳐 있을 경우 입력값에 해당하는 순서로 뒤로 물러납니다.
모양 #	스프라이트의 모양이 몇 번째인지 알려줍니다.
배경 이름	현재 무대에 표시되는 배경의 이름을 알려줍니다.
크기	현재 스프라이트의 크기를 비율(%)로 알려줍니다.

▌[제어] 스크립트

모양	설명
1 초 기다리기	지정한 시간동안 기다렸다가 다음 명령 블록을 실행합니다.
10 번 반복하기	지정한 횟수만큼 내부의 블록들을 반복적으로 실행합니다.
무한 반복하기	명령 블록 내부의 블록들을 계속해서 반복적으로 실행합니다.
만약 (이)라면	만약 〈조건〉이 맞으면 블록 내부의 블록들을 실행합니다.
만약 (이)라면 아니면	만약 〈조건〉이 맞으면 바로 아래의 블록들을 실행하고 그렇지 않으면 '아니면' 블록 아래의 블록들을 실행합니다.
까지 기다리기	조건이 참이 될 때까지 기다렸다가 다음 블록을 실행합니다.
까지 반복하기	조건이 참이 될 때까지 블록 내부의 블록들을 반복해서 실행합니다.
모두 ▾ 멈추기	모든 스프라이트와 스크립트를 멈추며, 이후 다른 스크립트 명령 블록을 연결할 수 없습니다.
복제되었을 때	지정된 스프라이트가 복제되었을 때 무엇을 할 것인지를 작성합니다.
나 자신 ▾ 복제하기	스프라이트가 복제되었을 때 어떤 스크립트 명령 블록을 처리할 것인지 작성합니다.
이 복제본 삭제하기	복제된 스프라이트를 삭제합니다.

▌[소리] 스크립트

모양	설명
meow 재생하기	지정된 소리를 재생하며 다음 스크립트 명령 블록을 실행합니다.
meow 끝까지 재생하기	지정된 소리의 재생이 모두 끝날 때까지 기다린 후 다음 스크립트 명령 블록을 실행합니다.
모든 소리 끄기	모든 소리의 재생을 중지합니다.
1번 타악기를 0.25 박자로 연주하기	지정된 타악기의 소리를 입력값의 박자로 연주합니다.
0.25 박자 쉬기	입력값의 박자동안 쉽니다.
60번 음을 0.5 박자로 연주하기	지정한 음을 입력값의 박자로 연주합니다.
1번 악기로 정하기	연주할 악기를 지정합니다.
음량을 -10 만큼 바꾸기	음량을 현재값에서 입력값만큼 바꿉니다.
음량을 100 % (으)로 정하기	음량을 입력값의 비율(%)로 바꿉니다.
음량	음량이 얼마인지 알려줍니다.
빠르기를 20 만큼 바꾸기	빠르기를 현재값에서 입력값만큼 바꿉니다.
빠르기를 60 bpm 으로 정하기	빠르기를 입력값으로 바꿉니다.
박자	빠르기가 얼마인지 알려줍니다.

▌[감지] 스크립트

모양	설명
마우스 포인터 ▼ 에 닿았는가?	마우스 포인터, 벽, 스프라이트 등에 닿았는지 확인합니다.
색에 닿았는가?	스프라이트가 지정된 색에 닿았는지 확인합니다.
색이 ■ 색에 닿았는가?	첫 번째 지정한 색이 두 번째 지정한 색에 닿았는지 확인합니다.
마우스 포인터 ▼ 까지 거리	지정한 스프라이트나 마우스 포인터까지의 거리를 확인합니다.
What's your name? 묻고 기다리기	화면에 입력된 질문을 표시한 후 사용자로부터의 대답 내용을 기다립니다.
대답	키보드로 입력된 내용을 대답 변수에 저장합니다.
스페이스 ▼ 키를 눌렀는가?	키보드의 지정한 키가 눌렸는지 확인합니다.
마우스를 클릭했는가?	마우스를 클릭했는지 확인합니다.
마우스의 x좌표	마우스의 x 좌표를 알려줍니다.
마우스의 y좌표	마우스의 y 좌표를 알려줍니다.
음량	현재의 음량을 알려줍니다.
비디오 동작 ▼ 에 대한 이 스프라이트 ▼ 에서의 관찰값	지정된 스프라이트에 비디오 모션의 양이 얼마나 되는지 알려줍니다.
비디오 켜기 ▼	비디오 카메라를 켜거나 끕니다.
비디오 투명도를 ▼ 50 % 로 정하기	비디오 카메라의 투명도를 지정합니다.
타이머	초 단위의 타이머값을 알려줍니다.
타이머 초기화	타이머값을 0으로 초기화 합니다.
x좌표 ▼ of Sprite1 ▼	지정된 스프라이트의 x 좌표, y 좌표, 방향, 모양번호, 모양이름, 크기, 음량 등을 알려줍니다.
현재 분 ▼	현재 년, 월, 일, 요일, 시, 분, 초 등을 알려줍니다.
2000년 이후 현재까지 날짜수	2000년 이후의 일수를 알려줍니다.
사용자이름	사용자 이름을 알려줍니다.

▌[펜] 스크립트

모양	설명
지우기	무대에 펜 또는 도장의 자국 등을 모두 지웁니다.
도장찍기	스프라이트 모양을 도장찍듯 화면에 찍습니다.
펜 내리기	스프라이트의 중심축 위치에서부터 마우스 움직임에 따라 펜을 내리고 그림을 그립니다.
펜 올리기	스프라이트에서 펜을 올려 그림이 그려지지 않도록 바꿉니다.
펜 색깔을 ■ (으)로 정하기	펜의 색깔을 지정한 색으로 바꿉니다.
펜 색깔을 10 만큼 바꾸기	현재 색깔에서 입력값만큼 색을 변경합니다.
펜 색깔을 0 (으)로 정하기	펜 색깔을 입력값에 해당하는 색으로 바꿉니다.
펜 명암을 10 만큼 바꾸기	현재 색상 밝기에서 입력값만큼 밝기를 변경합니다.
펜 명암을 50 (으)로 정하기	펜의 밝기를 입력값에 해당하는 밝기로 바꿉니다.
펜 굵기를 1 만큼 바꾸기	현재의 펜 두께에서 입력값만큼 두께를 변경합니다.
펜 굵기를 1 (으)로 정하기	펜의 두께를 입력값에 해당하는 두께로 바꿉니다.

[연산] 스크립트

모양	설명
◯ + ◯	첫 번째 값에 두 번째 값을 더하여 알려줍니다.
◯ - ◯	첫 번째 값에 두 번째 값을 뺀 값을 알려줍니다.
◯ * ◯	첫 번째 값에 두 번째 값을 곱한 값을 알려줍니다.
◯ / ◯	첫 번째 값에 두 번째 값을 나눈 값을 알려줍니다.
1 부터 10 사이의 난수	첫 번째 값부터 두 번째 값 사이의 임의의 수를 알려줍니다.
◯ < ◯	첫 번째 값이 두 번째 값보다 작으면 참, 그렇지 않으면 거짓을 알려줍니다.
◯ = ◯	첫 번째 값과 두 번째 값이 같은지 판단하여 같으면 참, 그렇지 않으면 거짓을 알려줍니다.
◯ > ◯	첫 번째 값이 두 번째 값보다 크면 참, 그렇지 않으면 거짓을 알려줍니다.
그리고	첫 번째 조건과 두 번째 조건이 모두 참이면 참, 하나라도 거짓이면 거짓을 알려줍니다.
또는	첫 번째 조건이나 두 번째 조건 중에서 하나라도 참이면 참, 둘 다 거짓이면 거짓을 알려줍니다.
가(이) 아니다	입력 조건이 참이면 거짓, 거짓이면 참을 알려줍니다.
hello 와 world 결합하기	첫 번째 문자와 두 번째 문자를 연결합니다.
1 번째 글자 (world)	두 번째 값에 입력된 단어가 위치한 첫 번째 값의 순서에 위치하는 문자를 알려줍니다.(같은 단어가 여러 개일 경우 순서에 해당하는 단어)
world 의 길이	입력된 단어의 글자 수를 알려줍니다.
◯ 나누기 ◯ 의 나머지	첫 번째 값을 두 번째 값으로 나눈 나머지를 알려줍니다.
◯ 반올림	입력값을 반올림합니다.
제곱근 ▼ (9)	입력값의 수학 함수(절대값, 바닥 함수, 천장 함수, 제곱근, sin, cos, tan 등)에 해당하는 결과값을 알려줍니다.

▌[데이터] 스크립트

모양	설명
변수 만들기	새로운 변수를 생성합니다.
변수	변수의 값을 알려줍니다.
변수 을(를) 0 로 정하기	변수의 값을 입력값으로 바꿉니다.
변수 을(를) 1 만큼 바꾸기	변수의 값을 현재 값에서 지정된 값만큼 더해줍니다.
변수 변수 보이기	변수를 무대(실행 창)에 표시합니다.
변수 변수 숨기기	변수를 무대(실행 창)에서 숨깁니다.
리스트 만들기	새로운 리스트를 생성합니다.
리스트	리스트 값을 알려줍니다.
thing 항목을 리스트 에 추가하기	지정된 리스트에 새로운 항목을 추가합니다.
1 번째 항목을 리스트 에서 삭제하기	리스트에서 지정된 위치의 항목을 삭제합니다.
thing 을(를) 1 번째 리스트 에 넣기	리스트에서 지정된 위치에 새로운 항목을 추가합니다.
1 번째 리스트 의 항목을 thing (으)로 바꾸기	리스트에서 지정된 위치의 항목을 입력값으로 바꿉니다.
1 번째 리스트 항목	리스트에서 지정된 위치의 값을 알려줍니다.
리스트 리스트의 항목 수	리스트의 항목 수(크기)를 알려줍니다.
리스트 리스트에 thing 포함되었는가?	리스트에 지정된 값이 포함되어 있는지 확인합니다.
리스트 리스트 보이기	리스트를 무대(실행 창)에 표시합니다.
리스트 리스트 숨기기	리스트를 무대(실행 창)에서 숨깁니다.

▌[추가블록] 스크립트

모양	설명
블록 만들기	새로운 추가 블록을 생성합니다.
	추가 블록의 이름을 입력하여 정의해 줍니다.
	추가 블록에 숫자 매개변수를 추가합니다.
	추가 블록에 문자열 매개변수를 추가합니다.
	추가 블록에 논리값 매개변수를 추가합니다.
텍스트	추가 블록에 라벨 이름을 추가로 입력합니다.

단원종합평가문제

01 스크래치의 도움말을 참고하여 아래의 프로그램 코딩을 설명해 보세요.

> 10 번 반복하기
> 　크기를 10 만큼 바꾸기

코딩설명

> a ▼ 키를 눌렀을 때
> 안녕! 을(를) 4 초동안 말하기

코딩설명

02 다음과 같이 프로그램을 코딩하고 실행해 보세요.

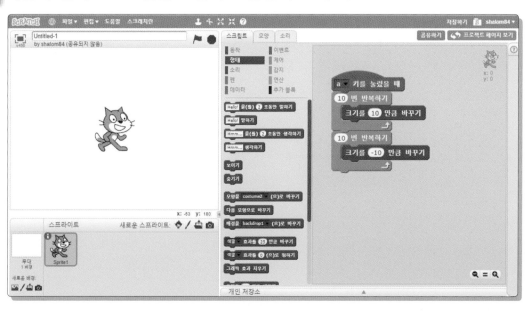

Special Page 순서도 이해하기

순서도란?

• 컴퓨터로 처리하고자 하는 문제를 분석하여 그 처리 순서와 내용을 약속된 기호를 이용하여 알기 쉽게 나타낸 그림을 의미합니다.

• 프로그램을 코딩할 때에 작업의 순서를 분석 및 정리 등 흐름을 쉽게 나타내기 위해서 사용합니다.

순서도의 작성 방법

❶ 국제 표준화 기구에서 정한 표준 기호를 사용합니다.

❷ 흐름의 방향을 위에서 아래로, 왼쪽에서 오른쪽으로 서로 교차되지 않도록 그립니다.

❸ 간단 명료하게 작성합니다.

❹ 처음에는 큰 줄거리만 나열하고 점차 구체적으로 작성합니다.

❺ 논리적인 흐름이 복잡하고 어려울 때에는 여러 단계로 구분하여 작성합니다.

❻ 순서도 기호 내부에 처리할 내용을 간단히 기술합니다.

순서도 기호

기호	기능	기호	기능
⬭	프로그램의 시작 또는 끝을 표시	◇	조건의 충족 여부를 비교하여 판단함을 표시
▱	자료의 입력을 표시	⬰	자료의 출력을 표시
▭	연산, 대입 등 다양한 처리 사항을 표시	⬡	자료의 준비를 표시
↓ →	작업간의 연결과 수행 순서를 표시	○	순서도가 길 경우 다른 곳으로의 연결을 표시

[순서도의 사용 예] 1부터 10까지의 합을 계산

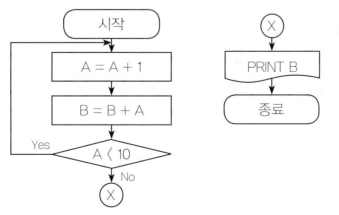

Chapter **04** 순차 이해하기

 순차 구조

순차 구조란 하나의 명령을 처리한 후 다음 명령으로 차례대로 하나씩 실행하는 단순한 논리 구조로 주로 위에서 아래로 순서대로 실행되는 프로그래밍 구조를 의미합니다.

시작하기

8시 기상하기

세면하기

옷 갈아입기

아침 먹기

준비물 챙기기

학교로 출발하기

▲ 스크래치 블록 코딩

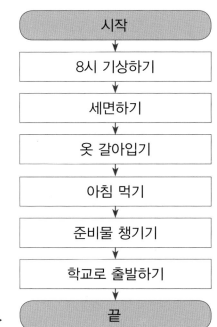

| 시작 |
| 8시 기상하기 |
| 세면하기 |
| 옷 갈아입기 |
| 아침 먹기 |
| 준비물 챙기기 |
| 학교로 출발하기 |
| 끝 |

순서도 ▶

01 스크래치 · 고양이 스프라이트 대화 만들기

고양이 스프라이트가 인사를 하면 공룡 스프라이트가 인사를 받아주는 블록 코딩을 만들어 봅니다.

?! 알고 넘어갑시다!

대화 시간 조정 방법
스프라이트간에 서로 대화할 때 시간에 대화가 동시에 이루어지지 않도록 하기 위해서는
블록을 이용하여 일정 시간동안 기다렸다가 다음 블록을 실행시키는 방법을 이해해야 합니다.

🧱 블록 구성

스크립트	블록	설명
[이벤트]	클릭했을 때	깃발(🏳)을 클릭하면 아래에 연결된 블록들을 실행합니다.
[제어]	1 초 기다리기	설정한 시간만큼 기다린 후 다음 블록을 실행합니다.
[형태]	Hello! 을(를) 2 초동안 말하기	스프라이트가 입력한 내용을 입력한 시간 동안 말풍선으로 말한 후 다음 블록이 실행됩니다.

······ '안녕~!!'을 2초 동안 말합니다.

······ 6초를 기다린 후 '내 이름은 야옹이라고 해~^^'를 2초 동안 말합니다.

❶ [이벤트] 스크립트 → 클릭했을 때 를 스크립트 영역으로 드래그합니다.

❷ [형태] 스크립트 → Hello! 을(를) 2 초동안 말하기 를 연결한 후 내용을 '안녕~!!'로 수정합니다.

❸ [제어] 스크립트 → 1 초 기다리기 를 연결한 후 입력값(6)을 수정합니다.

❹ [형태] 스크립트 → Hello! 을(를) 2 초동안 말하기 를 연결한 후 내용을 '내 이름은 야옹이라고 해 ~^^'로 수정합니다.

······ 2초를 기다린 후 '그래~ 안녕! 만나서 반가워~^^'를 2초 동안 말합니다.

······ 1초를 기다린 후 '이름이 뭐니?'를 2초 동안 말합니다.

❶ [이벤트] 스크립트 → 클릭했을 때 를 스크립트 영역으로 드래그합니다.

❷ [제어] 스크립트 → 1 초 기다리기 를 연결합니다.

❸ [형태] 스크립트 → Hello! 을(를) 2 초동안 말하기 를 연결한 후 내용을 '그래~ 안녕! 만나서 반가워 ~^^'로 수정합니다.

❹ [제어] 스크립트 → 1 초 기다리기 를 연결합니다.

❺ [형태] 스크립트 → Hello! 을(를) 2 초동안 말하기 를 연결한 후 내용을 '이름이 뭐니?'로 수정합니다.

❻ [깃발(🚩)]을 클릭한 후 두 개의 스프라이트 간에 대화 내용을 확인합니다.

단원종합평가문제

01 상점에서 물건 구입할 때의 대화 만들기

다음 그림을 이용하여 대화가 어색하지 않도록 시간을 조절하여 만들어 보세요.

❶ 장면

❷ 장면

❸ 장면

❹ 장면

❺ 장면

❻ 장면

도움말

02 달 착륙 대화 만들기

종합평가 04_02.sb2

다음 그림을 이용하여 대화가 어색하지 않도록 시간을 조절하여 만들어 보세요.

❶ 장면

❷ 장면 (피코 모양 변경)

❸ 장면

❹ 장면

❺ 장면 (로봇 모양 변경)

❻ 장면

Chapter **05** 반복 이해하기

 반복 구조

반복 구조란 하나 이상의 특정 명령을 계속 반복하거나 특정 횟수를 주어 해당 횟수만큼
반복으로 실행할 때 사용합니다.

| 야구 경기시작하기 |
| 9회 반복하기 |
| 우리팀 공격, 상대팀 수비 |
| 우리팀 수비, 상대팀 공격 |

▲ 횟수 반복 스크래치 블록 코딩

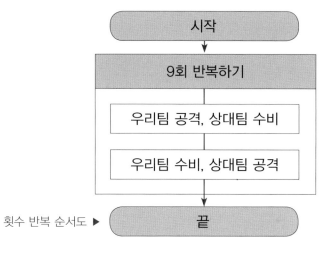

횟수 반복 순서도 ▶

| 신호등 센서 |
| 계속 반복하기 |
| 300초 기다리기 |
| 파란불 켜기 |
| 60초 기다리기 |
| 빨간불 켜기 |

▲ 계속 반복 스크래치 블록 코딩

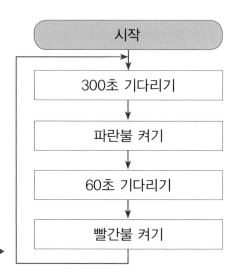

계속 반복 순서도 ▶

01 스크래치 · 마우스를 따라 다니는 자동차 만들기

실행 화면에서 마우스 포인터를 따라 다니는 자동차를 만들어 봅니다.

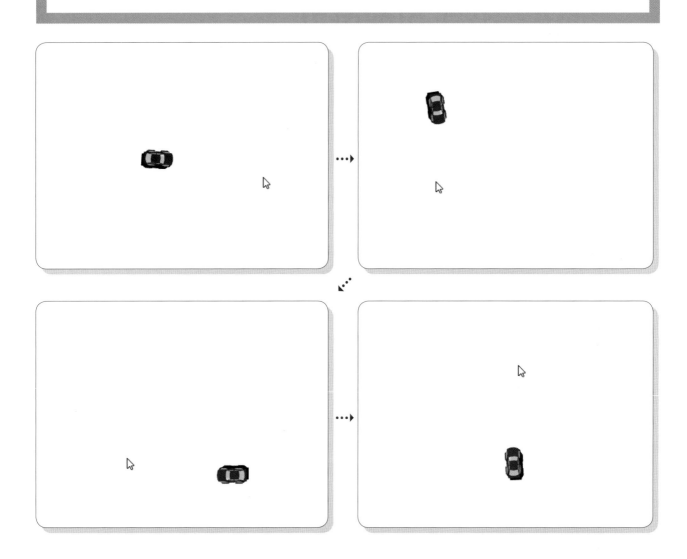

블록 구성

스크립트	블록	설명
[제어]	무한 반복하기	감싸고 있는 블록들을 계속해서 반복 실행합니다.
[동작]	마우스 포인터 ▼ 쪽 보기	마우스 포인터 또는 선택한 스프라이트쪽을 바라봅니다.
[동작]	10 만큼 움직이기	현재 위치에서 현재 방향으로 입력값만큼 이동합니다.

스크립트 코딩 과정

마우스 포인터 쪽을 보며,
3만큼씩 이동합니다.

❶ [이벤트] 스크립트 → 클릭했을 때 를 스크립트 영역으로 드래그합니다.

❷ [제어] 스크립트 → 무한 반복하기 를 연결합니다.

❸ [동작] 스크립트 → 마우스 포인터 ▼ 쪽 보기 를 무한 반복하기 블록 안에 연결합니다.

❹ [동작] 스크립트 → 10 만큼 움직이기 를 연결한 후 입력값(3)을 수정합니다.

❺ [깃발(▶)]을 클릭한 후 마우스 포인터 위치를 움직여 해당 위치로 자동차가 이동하는지 확인합니다.

알고 넘어갑시다!

회전 방식에 따른 스프라이트의 움직임 알아보기

마우스 포인터 ▼ 쪽 보기 블록과 같이 방향 변경에 사용하는 블록을 사용할 경우 회전 방식(자유회전(↻),
좌우회전(↔), 고정(●))에 따라 스프라이트의 움직임이 다르게 표시됩니다.

자유회전(↻)   좌우회전(↔)   고정(●) ◀ 고정은 자동차가 좌우로도 바뀌지 않음

02 스크래치 · 시계 동작 만들기

초 바늘이 한 바퀴 돌 때마다 분 바늘이 움직이고 분 바늘이 한 바퀴 돌 때마다 시 바늘이 움직이도록 시계 동작을 만들어 봅니다.

알고 넘어갑시다!

스프라이트의 방향 회전하기

시, 분, 초 바늘이 12시를 가리키고 있을 때의 기본 방향은 90(오른쪽)이며, 블록을 통해 방향이 회전할 때 아래쪽(180), 왼쪽(−90), 위쪽(0) 값의 순서로 방향이 회전합니다.

🧱 블록 구성

스크립트	블록	설명
[제어]	무한 반복하기	감싸고 있는 블록들을 계속해서 반복 실행합니다.
[동작]	15 도 돌기	현재 방향에서 입력값만큼 오른쪽으로 회전합니다.

스크립트 코딩 과정

시계바늘(초침)이 계속 반복해서 6도 만큼씩 회전합니다.

❶ [이벤트] 스크립트 → 클릭했을 때 를 스크립트 영역으로 드래그합니다.

❷ [제어] 스크립트 → 무한 반복하기 를 연결합니다.

❸ [동작] 스크립트 → 15 도 돌기 를 무한 반복하기 블록 안에 연결한 후 입력값(6)을 수정합니다.

시계바늘(분침)이 계속 반복해서 1.96초를 기다린 후 6도 만큼씩 회전합니다.

❶ [이벤트] 스크립트 → 클릭했을 때 를 스크립트 영역으로 드래그합니다.

❷ [제어] 스크립트 → 무한 반복하기 를 연결합니다.

❸ [제어] 스크립트 → 1 초 기다리기 를 무한 반복하기 블록 안에 연결한 후 입력값(1.96)을 수정합니다.

❹ [동작] 스크립트 → 15 도 돌기 를 무한 반복하기 블록 안에 연결한 후 입력값(6)을 수정합니다.

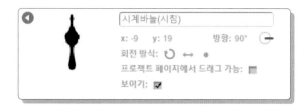

시계바늘(시침)이 계속 반복해서 24초를 기다린 후
6도 만큼씩 오른쪽 방향으로 회전합니다.

❶ [이벤트] 스크립트 → 클릭했을 때 를 스크립트 영역으로 드래그합니다.

❷ [제어] 스크립트 → 무한 반복하기 를 연결합니다.

❸ [제어] 스크립트 → 1 초 기다리기 를 무한 반복하기 블록 안에 연결한 후 입력값(24)을 수정합니다.

❹ [동작] 스크립트 → 15 도 돌기 를 무한 반복하기 블록 안에 연결한 후 입력값(6)을 수정합니다.

❺ [깃발(🏳)]을 클릭한 후 시, 분, 초의 움직임을 확인합니다.

03 스크래치 · 번호 선택기 만들기

깃발을 클릭한 후 화면의 숫자 번호를 클릭하면 반복하여 숫자가 표시되다가 임의의
번호에서 멈추는 번호 선택기를 만들어 봅니다.

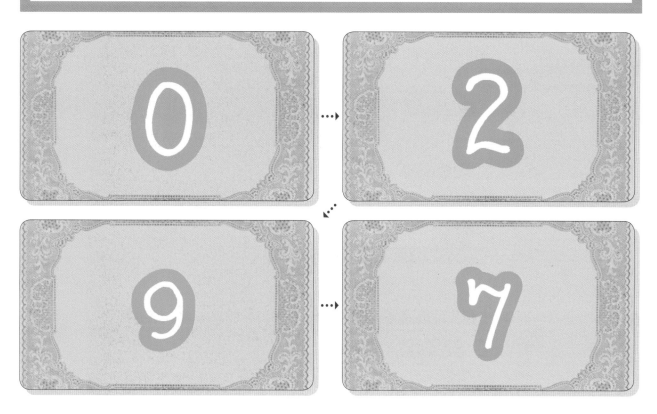

?! 알고 넘어갑시다!

임의의 무작위 수(난수) 만들기

[연산] 블록의 ① 부터 ⑩ 사이의 난수는 무작위 수를 표시할 때 사용하며, 입력한 두 수 사이의 무
작위 수를 만듭니다. 이 때에 입력한 두 수 중에서 하나라도 값이 소수일 경우 소수로 무작위 수를
만듭니다.

블록 구성

스크립트	블록	설명
[제어]	10 번 반복하기	지정된 횟수만큼 내부의 블록들을 반복적으로 실행합니다.
[연산]	1 부터 10 사이의 난수	첫 번째 값부터 두 번째 값 사이의 임의의 수를 알려줍니다.
[동작]	다음 모양으로 바꾸기	스프라이트의 모양을 목록에 표시된 순서대로 바꿉니다.

········ 처음 모양을 0-glow 모양으로 지정합니다.

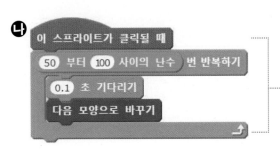

이 스프라이트가 클릭될 때 0.1초를 기다린 후 다음 모양
으로 바꾸기를 50~100 사이의 난수 만큼 반복합니다.

가 ❶ [이벤트] 스크립트 → 클릭했을 때 를 스크립트 영역으로 드래그합니다.

❷ [형태] 스크립트 → 모양을 0-glow ▼ (으)로 바꾸기 를 연결합니다.

나 ❶ [이벤트] 스크립트 → 이 스프라이트가 클릭될 때 를 스크립트 영역으로 드래그합니다.

❷ [제어] 스크립트 → 10 번 반복하기 를 연결합니다.

❸ [연산] 스크립트 → 1 부터 10 사이의 난수 를 10 번 반복하기 블록 안에 끼워 넣은 후 입력값을
'50'과 '100'으로 수정하여 50 부터 100 사이의 난수 번 반복하기 로 블록을 수정합니다.

❹ [제어] 스크립트 → 1 초 기다리기 를 반복하기 블록 안에 연결한 후 입력값(0.1)을 수정합니다.

❺ [형태] 스크립트 → 다음 모양으로 바꾸기 를 반복하기 블록 안에 연결합니다.

❻ [깃발(🏳)]을 클릭한 후 실행 화면의 숫자를 클릭하여 임의의 값만큼 숫자가 바뀐 후 특정 숫자
에서 멈추는지 확인합니다.

단원종합평가문제

01 농구공을 쫓아 다니는 고양이 만들기

마우스 포인터의 위치로 움직이는 농구공을 따라다니는 고양이를 만들어 보세요.

❶ 장면

❷ 장면

❸ 장면

❹ 장면

농구공

깃발(⚑)이 클릭되면 마우스 포인터 위치로 이동합니다.

고양이

깃발(⚑)이 클릭되면 농구공쪽을 보며 1~5 사이의 임의의 속도로 이동합니다.

도움말

Chapter 06 조건 이해하기

 조건 구조

조건 구조는 조건에 따른 참 또는 거짓의 갈림길에서 하나를 선택하여 처리하는 구조입니다. 서로 비교하여 참 또는 거짓을 판단해야 하는 경우 사용하며, 조건의 만족 여부에 따라 처리 순서가 변경됩니다. 또한 조건을 이용하여 특정 명령을 반복할 수 있는 구조도 가능합니다.

▲ 스크래치 블록 코딩

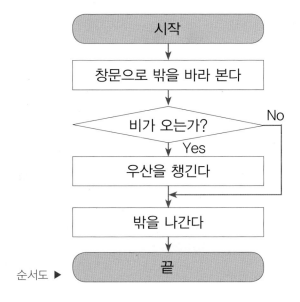

순서도 ▶

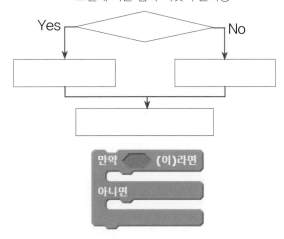

▼ 조건에 따른 참과 거짓의 분리형

▼ 조건을 이용한 반복형

01 스크래치 · 연필을 이용하여 그림 그리기

마우스 포인터를 따라 다니는 연필을 이용하여 실행 창에 드래그하여 그림을 그리고 마우스에서 손을 떼면 멈추도록 연필로 그림을 그리는 기능을 만들어 봅니다.

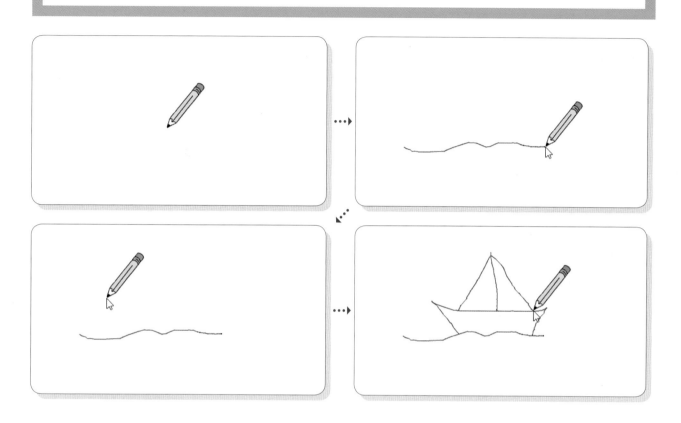

블록 구성

스크립트	블록	설명
[제어]	만약 (이)라면 아니면	만약 〈조건〉이 맞으면 바로 아래의 블록들을 실행하고 그렇지 않으면 '아니면' 블록 아래의 블록들을 실행합니다.
[감지]	마우스를 클릭했는가?	마우스를 클릭했는지 확인합니다.
[펜]	지우기	무대에 펜 또는 도장의 자국 등을 모두 지웁니다.
[펜]	펜 내리기	마우스를 드래그하면 중심축을 따라 그림을 그립니다.
[펜]	펜 올리기	펜을 올려 그리기 상태를 멈춥니다.

알고 넘어갑시다!

펜의 중심점 변경하기
중심점이란 스프라이트 개체의 회전에서 중심이 되는 축을 의미하며,
[모양] 탭에서 모양 중심 설정(+)을 클릭한 후 변경할 위치를 클릭하면
중심점을 이동할 수 있습니다.

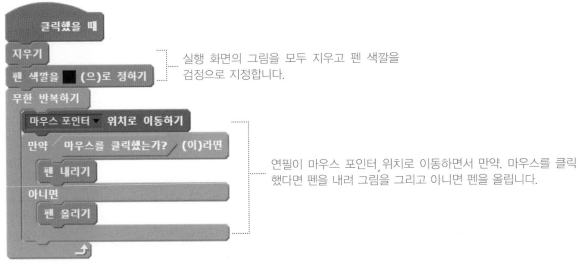

실행 화면의 그림을 모두 지우고 펜 색깔을
검정으로 지정합니다.

연필이 마우스 포인터 위치로 이동하면서 만약 마우스를 클릭
했다면 펜을 내려 그림을 그리고 아니면 펜을 올립니다.

❶ [이벤트] 스크립트 → `클릭했을 때`를 스크립트 영역으로 드래그합니다.

❷ [펜] 스크립트 → `지우기`를 연결합니다.

❸ [펜] 스크립트 → `펜 색깔을 (으)로 정하기`를 연결한 후 색( )을 클릭한 다음 무대에 표시된 펜의
검정색 연필심 부분을 클릭하여 색(■)을 수정합니다.

❹ [제어] 스크립트 → `무한 반복하기`를 연결합니다.

❺ [동작] 스크립트 → `마우스 포인터 ▾ 위치로 이동하기`를 `무한 반복하기` 블록 안에 연결합니다.

❻ [제어] / [감지] 스크립트 → `만약 (이)라면`을 반복하기 블록 안에 연결한 후 `마우스를 클릭했는가?`
`아니면`
를 조건에 끼워 넣어 `만약 마우스를 클릭했는가? (이)라면`로 수정합니다.

❼ [펜] 스크립트 → `펜 내리기`를 조건 블록의 바로 아래에 연결합니다.

❽ [펜] 스크립트 → `펜 올리기`를 조건 블록의 '아니면' 블록 아래에 연결합니다.

❾ [깃발(🏴)]을 클릭한 후 실행 화면에서 마우스를 드래그하면 그림을 그리고 마우스에서 손을 떼면
그리기를 멈추는지 확인합니다.

02 스크래치 · 전기의 작동 스위치 만들기

건전지와 전등이 연결된 스위치의 ON, OFF에 따라서 전등의 불이 켜지거나 꺼지는 동작을 만들어 봅니다.

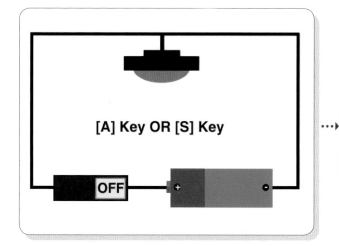

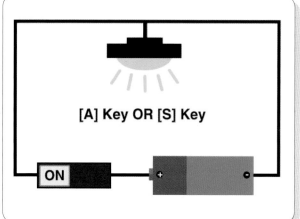

알고 넘어갑시다!

[감지] 스크립트의 키보드 키 변경하기

[감지] 스크립트의 `스페이스 ▼ 키를 눌렀는가?` 블록에서 `스페이스 ▼`를 클릭하면 키 목록이 표시되며, 변경할 키보드의 키를 선택하면 선택한 키로 키보드의 키가 설정됩니다.

블록 구성

스크립트	블록	설명
[제어]	만약 (이)라면	만약 〈조건〉이 맞으면 블록 내부의 블록들을 실행합니다.
[감지]	스페이스 ▼ 키를 눌렀는가?	키보드의 키를 눌렀는지 확인합니다.
[형태]	모양을 costume2 ▼ (으)로 바꾸기	스프라이트의 모양을 선택한 모양으로 바꿉니다.

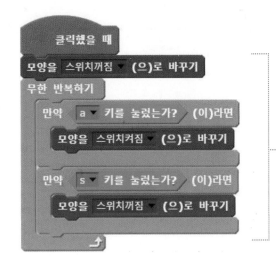

처음, 스위치 모양이 꺼짐 모양으로 되어 있은 후 만약 A키가 눌러져 있다면 스위치 모양을 켜짐 모양으로, S키가 눌러져 있다면 스위치 모양을 꺼짐 모양으로 계속 반복해서 만듭니다.

❶ [이벤트] 스크립트 → 클릭했을 때 를 스크립트 영역으로 드래그합니다.

❷ [형태] 스크립트 → 모양을 스위치꺼짐 (으)로 바꾸기 를 연결합니다.

❸ [제어] 스크립트 → 무한 반복하기 를 연결합니다.

❹ [제어] 스크립트 → 만약 (이)라면 을 무한 반복하기 블록 안에 연결합니다.

❺ [감지] 스크립트 → 스페이스 키를 눌렀는가? 를 만약 (이)라면 블록의 조건 안에 끼워 넣고 스페이스 를 눌러 a 로 선택하여 만약 a 키를 눌렀는가? (이)라면 으로 수정합니다.

❻ [형태] 스크립트 → 모양을 스위치꺼짐 (으)로 바꾸기 를 연결한 후 모양을 스위치켜짐 (으)로 바꾸기 로 수정합니다.

❼ [제어] 스크립트 → 만약 (이)라면 을 무한 반복하기 블록 안에 연결합니다.

❽ [감지] 스크립트 → 스페이스 키를 눌렀는가? 를 만약 (이)라면 블록의 조건 안에 끼워 넣고 스페이스 를 눌러 s 로 선택하여 만약 s 키를 눌렀는가? (이)라면 으로 수정합니다.

❾ [형태] 스크립트 → 모양을 스위치꺼짐 (으)로 바꾸기 를 조건 블록 안에 연결합니다.

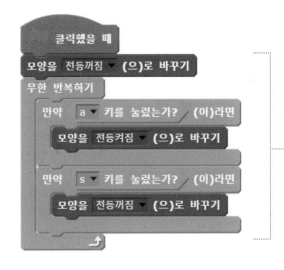

처음, 전등 모양이 꺼짐 모양으로 되어 있은 후 만약 A키가 눌러져 있다면 전등 모양을 켜짐 모양으로, S키가 눌러져 있다면 전등 모양을 꺼짐 모양으로 계속 반복해서 만듭니다.

❶ [이벤트] 스크립트 → 클릭했을 때 를 스크립트 영역으로 드래그합니다.

❷ [형태] 스크립트 → 모양을 전등꺼짐 (으)로 바꾸기 를 연결합니다.

❸ [제어] 스크립트 → 무한 반복하기 를 연결합니다.

❹ [제어] 스크립트 → 만약 (이)라면 을 무한 반복하기 블록 안에 연결합니다.

❺ [감지] 스크립트 → 스페이스 키를 눌렀는가? 를 만약 (이)라면 블록의 조건 안에 끼워 넣고 스페이스 를 눌러 a 로 선택하여 만약 a 키를 눌렀는가? (이)라면 으로 수정합니다.

❻ [형태] 스크립트 → 모양을 전등꺼짐 (으)로 바꾸기 를 연결한 후 모양을 전등켜짐 (으)로 바꾸기 로 수정합니다.

❼ [제어] 스크립트 → 만약 (이)라면 을 무한 반복하기 블록 안에 연결합니다.

❽ [감지] 스크립트 → 스페이스 키를 눌렀는가? 를 만약 (이)라면 블록의 조건 안에 끼워 넣고 스페이스 를 눌러 s 로 선택하여 만약 s 키를 눌렀는가? (이)라면 으로 수정합니다.

❾ [형태] 스크립트 → 모양을 전등꺼짐 (으)로 바꾸기 를 조건 블록 안에 연결합니다.

❿ [깃발(🏳)]을 클릭한 후 스위치의 ON(A)에 전등이 켜지고 OFF(S)일 때에 전등이 꺼지는지 결과를 확인합니다.

단원종합평가문제

01 크랩의 움직이는 동작 만들기

바닷속 크랩이 키보드의 방향키(왼쪽/오른쪽 방향키)를 통해 좌우로 이동하면서 움직이는 동작을 만들어 보세요.

❶ 장면

❷ 장면

❸ 장면

❹ 장면

도움말

Chapter **07** 좌표 이해하기

 무대의 좌표

- 무대의 크기는 가로 480, 세로 360 픽셀로 구성되며, 해당 위치를 X축과 Y축으로 구분합니다.
- 좌표 가운데 지점(X=0, Y=0)을 기준으로 왼쪽으로 이동할 때 X축의 끝의 값은 −240 이고 오른쪽으로 이동할 때의 끝의 값은 240이 됩니다. 또한 위쪽으로 이동할 때 Y축의 끝의 값은 180, 아래쪽으로 끝의 값은 −180까지로 좌표 지점을 구분합니다.
- 실행 창에서 마우스 포인터를 위쪽/아래쪽/왼쪽/오른쪽 등으로 이동하면 포인터 위치에서 해당 좌표를 확인할 수 있습니다.

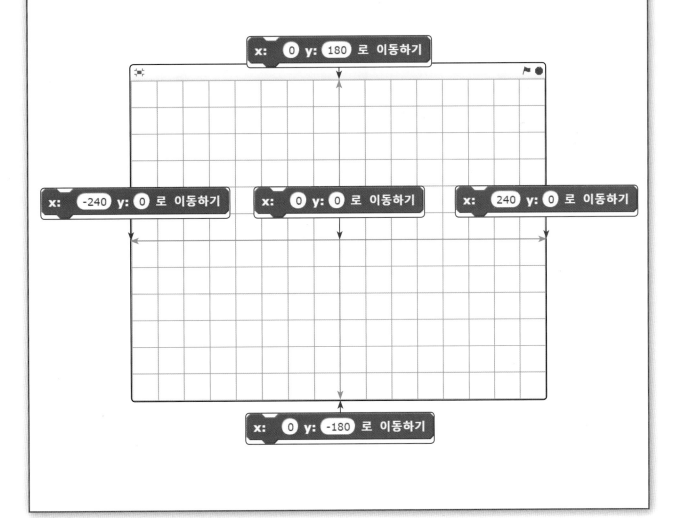

01 스크래치 · 자동차를 이용한 선물 잡기

실행 화면에서 자유롭게 임의의 위치에 나타나는 선물 상자를 자동차를 방향키로 움직이면서 잡는 프로그램을 만들어 봅니다.

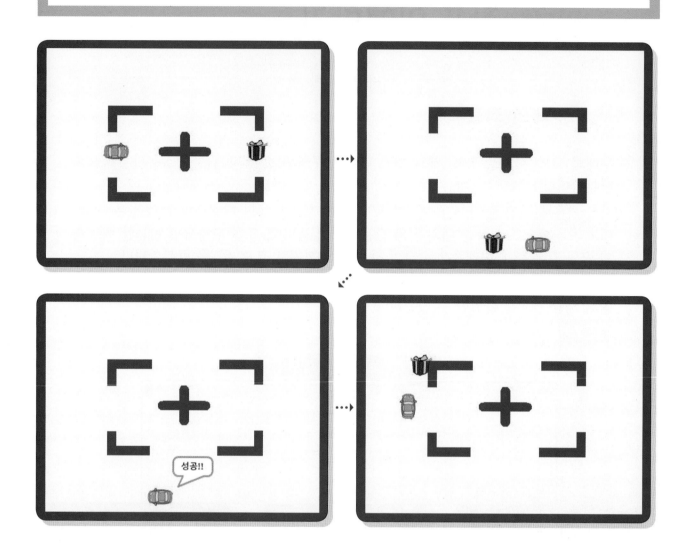

🧱 블록 구성

스크립트	블록	설명
[동작]	x: 0 y: 0 로 이동하기	입력된 x, y 좌표 위치로 스프라이트의 위치를 이동합니다.
[동작]	x좌표를 10 만큼 바꾸기	현재 위치에서 입력값만큼 x 좌표 위치를 이동합니다.
[동작]	y좌표를 10 만큼 바꾸기	현재 위치에서 입력값만큼 y 좌표 위치를 이동합니다.
[감지]	색에 닿았는가?	스프라이트가 지정된 색에 닿았는지 확인합니다.

스크립트 코딩 과정

가

```
클릭했을 때
무한 반복하기
  만약  오른쪽 화살표 ▼ 키를 눌렀는가?  (이)라면
    90▼ 도 방향 보기
    x좌표를 5 만큼 바꾸기
    만약  ■ 색에 닿았는가?  (이)라면
      x좌표를 -5 만큼 바꾸기

  만약  왼쪽 화살표 ▼ 키를 눌렀는가?  (이)라면
    -90▼ 도 방향 보기
    x좌표를 -5 만큼 바꾸기
    만약  ■ 색에 닿았는가?  (이)라면
      x좌표를 5 만큼 바꾸기

  만약  위쪽 화살표 ▼ 키를 눌렀는가?  (이)라면
    0▼ 도 방향 보기
    y좌표를 5 만큼 바꾸기
    만약  ■ 색에 닿았는가?  (이)라면
      y좌표를 -5 만큼 바꾸기

  만약  아래쪽 화살표 ▼ 키를 눌렀는가?  (이)라면
    180▼ 도 방향 보기
    y좌표를 -5 만큼 바꾸기
    만약  ■ 색에 닿았는가?  (이)라면
      y좌표를 5 만큼 바꾸기
```

나

```
클릭했을 때
무한 반복하기
  만약  아이템 ▼ 에 닿았는가?  (이)라면
    성공!! 을(를) 2 초동안 말하기
```

····· 만약 아이템에 닿았다면 '성공!!'을 2초동안 말합니다.

····· 자동차에서 방향키(오른쪽/왼쪽/위쪽/아래쪽)를 클릭하면 해당 방향을 바라 보고 5만큼씩 이동하며, 만약 벽이 되는 색(파랑)에 닿았을 때 반대 방향으로 5만큼 이동하여 벽을 통과하지 못하도록 블록을 연결합니다.

가 ❶ [이벤트] 스크립트 → 클릭했을 때 를 스크립트 영역으로 드래그합니다.

❷ [제어] 스크립트 → 무한 반복하기 를 연결합니다.

❸ [제어] 스크립트 → 만약 ◇ (이)라면 을 무한 반복하기 블록 안에 연결합니다.

❹ [감지] 스크립트 → 스페이스 ▼ 키를 눌렀는가? 를 만약 ◇ (이)라면 블록의 조건 안에 끼워 넣고 스페이스 ▼ 를 눌러 오른쪽 화살표 ▼ 로 선택하여 만약 오른쪽 화살표 ▼ 키를 눌렀는가? (이)라면 으로 수정합니다.

❺ [동작] 스크립트 → 90 ▼ 도 방향 보기 를 조건 블록 안에 연결합니다.

❻ [동작] 스크립트 → x좌표를 10 만큼 바꾸기 를 조건 블록 안에 연결한 후 입력값(5)을 수정합니다.

❼ [제어] 스크립트 → 만약 ◇ (이)라면 을 조건 블록 안에 연결합니다.

❽ [감지] 스크립트 → ◇ 색에 닿았는가? 를 조건 안에 끼워 넣고 색(■)을 클릭한 다음 무대의 파란색(■)을 클릭하여 만약 ■ 색에 닿았는가? (이)라면 으로 수정합니다.

❾ [동작] 스크립트 → x좌표를 10 만큼 바꾸기 를 조건 블록 안에 연결한 후 입력값(−5)을 수정합니다.

❿ ❸~❾번과 같은 방법으로 '왼쪽 화살표', '위쪽 화살표', '아래쪽 화살표' 키가 눌러졌을 때 이동 방향과 장벽(파란색)에 닿았을 때 진행 방향 등을 수정하여 스크립트 코딩을 연결합니다.

❹ ❶ [이벤트] 스크립트 → 클릭했을 때 를 스크립트 영역으로 드래그합니다.

❷ [제어] 스크립트 → 무한 반복하기 를 연결합니다.

❸ [제어] 스크립트 → 만약 ◇ (이)라면 을 무한 반복하기 블록 안에 연결합니다.

❹ [감지] 스크립트 → 마우스 포인터 ▼ 에 닿았는가? 를 만약 ◇ (이)라면 블록의 조건 안에 끼워 넣고 마우스 포인터 ▼ 를 눌러 아이템 ▼ 으로 선택하여 만약 아이템 ▼ 에 닿았는가? (이)라면 으로 수정합니다.

❺ [형태] 스크립트 → Hello! 을(를) 2 초동안 말하기 를 조건 블록 안에 연결한 후 내용(성공!!)을 수정합니다.

㉮

⋯⋯ 처음 시작될 때 아이템 스프라이트를 표시한 후 실행 화면의 임의의 위치로 이동한 다음 1~3초 사이의 난수 초 동안 기다린 다음 모양을 숨기는 동작을 반복하여 실행합니다.

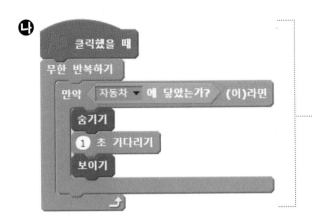

❶ 아이템이 자동차에 닿은 경우 모양을 숨겼다가 1초 후
다시 모양을 표시합니다.

⑦❶ [이벤트] 스크립트 → `클릭했을 때`를 스크립트 영역으로 드래그합니다.

❷ [제어] 스크립트 → `무한 반복하기`를 연결합니다.

❸ [형태] 스크립트 → `보이기`을 `무한 반복하기` 블록 안에 연결합니다.

❹ [동작] / [연산] 스크립트 → `x: 0 y: 0 로 이동하기`를 `무한 반복하기` 블록 안에 연결한 후
`1 부터 10 사이의 난수`를 x와 y에 모두 끼워 넣고 내용을 '–200', '200'과 '–150', '150' 등으로 입력
하여 `x: -200 부터 200 사이의 난수 y: -150 부터 150 사이의 난수 로 이동하기`로 수정합니다.

❺ [제어] / [연산] 스크립트 → `1 초 기다리기`를 `무한 반복하기` 블록 안에 연결한 후 `1 부터 10 사이의 난수`
를 끼워 넣고 입력값을 '1'과 '3'으로 입력하여 `1 부터 3 사이의 난수 초 기다리기`로 수정합니다.

❻ [형태] 스크립트 → `숨기기`를 `무한 반복하기` 블록 안에 연결합니다.

❹❶ [이벤트] 스크립트 → `클릭했을 때`를 스크립트 영역으로 드래그합니다.

❷ [제어] 스크립트 → `무한 반복하기`를 연결합니다.

❸ [제어] 스크립트 → `만약 (이)라면`을 `무한 반복하기` 블록 안에 연결합니다.

❹ [감지] 스크립트 → `마우스 포인터 에 닿았는가?`를 `만약 (이)라면` 블록의 조건 안에 끼워 넣고
`마우스 포인터`를 눌러 `자동차`로 선택하여 `만약 자동차 에 닿았는가? (이)라면`으로 수정합니다.

❺ [형태] 스크립트 → `숨기기`를 조건 블록 안에 연결합니다.

❻ [제어] 스크립트 → `1 초 기다리기`를 조건 블록 안에 연결합니다.

❼ [형태] 스크립트 → `보이기`를 조건 블록 안에 연결합니다.

❽ [깃발(🏴)]을 클릭한 후 키보드의 방향키를 움직여 파란색 벽에 닿았을 경우와 아이템에 닿았을
때의 결과를 확인합니다.

단원종합평가문제

01 하늘에서 음식이 떨어진다면

종합평가 07_01.sb2

하늘에서 임의의 속도로 떨어져 바닥에 닿으면 다시 하늘의 임의의 좌표에서 반복해서 떨어지도록 만들어 보세요.

❶ 장면

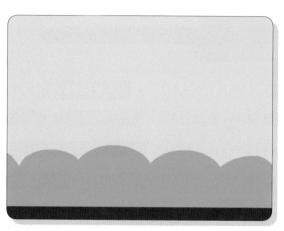

❷ 장면

❸ 장면

❹ 장면

바나나 / 도넛 / 타코 / 오렌지

• 깃발(🚩)이 클릭되면 모양을 숨겼다가 0.5~3 사이의 무작위 수 초 만큼 기다린 후 위쪽 임의의 위치(x : −220 ~ 200, y : 170)로 이동합니다.

• 음식이 위쪽으로 이동되면 모양을 표시한 후 y 좌표를 −1 ~ −3 사이의 무작위 수 만큼 바꾸어 아래로 떨어지도록 설정합니다. 만약, 아래쪽 바닥(갈색)에 닿았을 경우 모양을 숨기고 다시 위쪽 위치로 이동하도록 무한 반복으로 설정합니다.

단원종합평가문제

02 양탄자 비행

방향키로 x와 y좌표를 이용한 양탄자의 움직임과 자유롭게 움직이는 풍선을 만들고 양탄자를 움직여 풍선에 닿았을 경우 잠깐 숨겼다가 임의의 위치에서 다시 나타나 움직이도록 만들어 보세요.

❶ 장면

❷ 장면

❸ 장면

❹ 장면

양탄자

- 깃발(⚑)이 클릭되면 양탄자가 실행 화면의 가운데(x=0, y=0)에 위치합니다.
- 방향키(오른쪽 화살표/왼쪽 화살표/위쪽 화살표/아래쪽 화살표)를 움직여 x좌표 또는 y좌표의 값을 바꾸어 상/하/좌/우로 입력값(5)만큼 이동합니다.

풍선(회전 방식 – 좌우 회전)

- 깃발(⚑)이 클릭되면 화면에 보이도록 설정한 후 이동 방향으로 −10 ~ 10 사이의 무작위 수 만큼 회전하면서 1 ~ 5 사이의 무작위 수 만큼 이동하고 화면 끝에 닿으면 튕기도록 설정합니다.
- 만약, 양탄자에 닿은 경우 잠깐 모양을 숨겼다가 1 ~3 초를 기다린 후 임의의 위치에서 다시 모양이 표시되도록 설정합니다.

Programming

S·c·r·a·t·c·h

Chapter 08 변수 이해하기

변수의 정의

- 변수란 임의의 값(데이터)을 저장하는 기억 공간으로 숫자나 문자 또는 또 다른 변수를 기억할 수 있습니다.
- 변수 생성은 [데이터] 스크립트에서 [변수 만들기] 단추를 클릭한 후 [새로운 변수] 대화상자에서 변수 이름을 입력하고 변수 옵션을 지정한 다음 [확인] 단추를 클릭하여 생성합니다.
- [감지] 스크립트에서 제공하는 `What's your name? 묻고 기다리기` 블록의 경우 사용자가 입력한 값을 `대답` 블록에 기억하여 사용자가 입력한 값을 프로그램 코딩에 사용할 수 있도록 도와주기 때문에 `대답` 블록은 하나의 변수라고 볼 수 있습니다.

변수 만들기

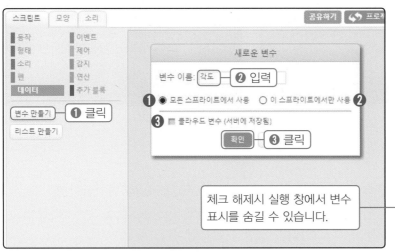
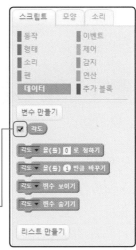

❶ **모든 스프라이트에서 사용** : 생성된 변수를 현재 스프라이트 뿐만 아니라 프로젝트에 속하는 모든 스프라이트에서 사용할 수 있습니다.

❷ **이 스프라이트에서만 사용** : 생성된 변수를 현재 스프라이트에서만 사용할 수 있습니다.

❸ **클라우드 변수(서버에 저장됨)** : 생성된 변수를 공유 변수로 지정, 서버에 저장된 모든 프로젝트에서 사용할 수 있습니다.

01 스크래치 • 골프 퍼팅 연습하기

회전 각도 및 공의 거리를 사용자가 입력한 값에 따라 회전 각도 지정 및 거리를 통해 공을 홀 안으로 넣는 게임을 만들어 봅니다.

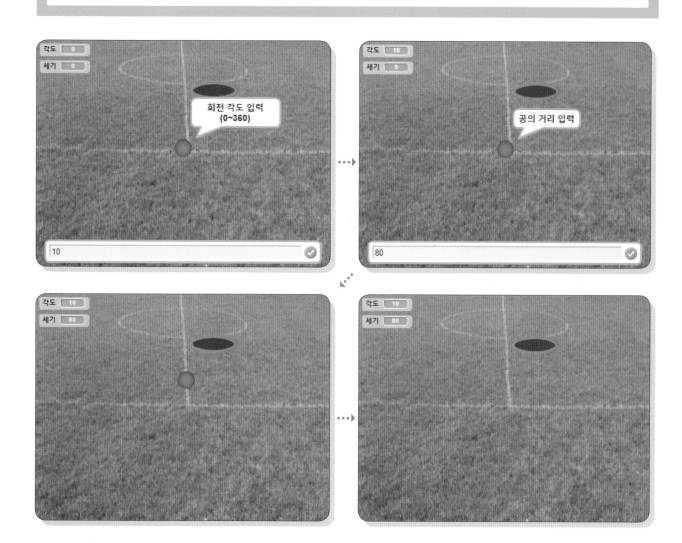

블록 구성

스크립트	블록	설명
[감지]	What's your name? 묻고 기다리기	화면에 입력된 질문을 표시한 후 대답 내용을 기다립니다.
[감지]	대답	키보드로 입력된 대답 내용을 저장합니다.
[동작]	90▼ 도 방향 보기	지정된 방향을 바라봅니다. (90 : 오른쪽, −90 : 왼쪽, 0 : 위쪽, 180 : 아래쪽)
[데이터]	각도▼ 을(를) 0 로 정하기	해당 변수의 입력값을 바꿉니다.

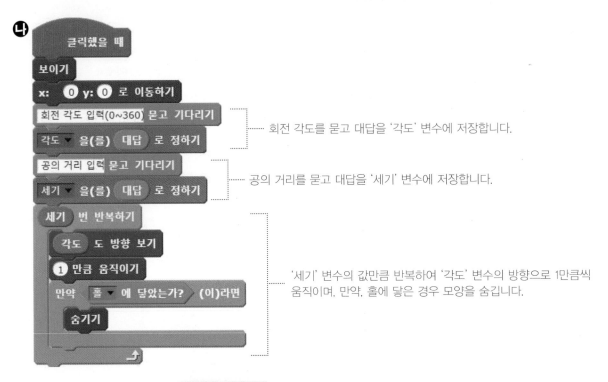

회전 각도를 묻고 대답을 '각도' 변수에 저장합니다.

공의 거리를 묻고 대답을 '세기' 변수에 저장합니다.

'세기' 변수의 값만큼 반복하여 '각도' 변수의 방향으로 1만큼씩 움직이며, 만약, 홀에 닿은 경우 모양을 숨깁니다.

㉮ ❶ [이벤트] 스크립트 → 클릭했을 때 를 스크립트 영역으로 드래그합니다.

❷ [데이터] 스크립트 → 세기 을(를) 0 로 정하기 를 연결합니다.

❸ [데이터] 스크립트 → 각도 을(를) 0 로 정하기 를 연결합니다.

㉯ ❶ [이벤트] 스크립트 → 클릭했을 때 를 스크립트 영역으로 드래그합니다.

❷ [형태] 스크립트 → 보이기 를 연결합니다.

❸ [동작] 스크립트 → x: 0 y: 0 로 이동하기 를 연결합니다.

❹ [감지] 스크립트 → What's your name? 묻고 기다리기 를 연결한 후 내용(회전 각도 입력(0~360))을 입력합니다.

❺ [데이터] / [감지] 스크립트 → 각도 을(를) 0 로 정하기 를 연결한 후 입력값에 대답 을 끼워넣어 각도 을(를) 대답 로 정하기 로 수정합니다.

❻ [감지] 스크립트 → What's your name? 묻고 기다리기 를 연결한 후 내용(공의 거리 입력)을 입력합니다.

❼ [데이터] / [감지] 스크립트 → 세기 을(를) 0 로 정하기 를 연결한 후 입력값에 대답 을 끼워넣어 세기 을(를) 대답 로 정하기 로 수정합니다.

❽ [제어] / [데이터] 스크립트 → `10 번 반복하기`를 연결한 후 [데이터] 스크립트의 `세기`를 입력값에 끼워 넣어 `세기 번 반복하기`로 수정합니다.

❾ [동작] / [데이터] 스크립트 → `90▼ 도 방향 보기`를 반복하기 블록 안에 연결한 후 [데이터] 스크립트의 `각도`를 입력값에 끼워 넣어 `각도 도 방향 보기`로 수정합니다.

❿ [동작] 스크립트 → `10 만큼 움직이기`를 반복하기 블록 안에 연결한 후 입력값(1)을 수정합니다.

⓫ [제어] / [감지] 스크립트 → `만약 (이)라면`을 반복하기 블록 안에 연결한 후 [감지] 스크립트의 `홀▼ 에 닿았는가?`를 조건 안에 끼워넣어 `만약 홀▼ 에 닿았는가? (이)라면`으로 수정합니다.

⓬ [형태] 스크립트 → `숨기기`를 조건 블록 안에 연결합니다.

시작 깃발을 클릭했을 때 실행 화면의 임의의 위치로 이동합니다.

❶ [이벤트] 스크립트 → `클릭했을 때`를 스크립트 영역으로 드래그합니다.

❷ [동작] 스크립트 → `x: 0 y: 0 로 이동하기`를 연결합니다.

❸ [연산] 스크립트 → `1 부터 10 사이의 난수`를 `x: 0 y: 0 로 이동하기` 블록의 'x'와 'y' 안에 연결한 후 값을 수정하여 `x: -220 부터 220 사이의 난수 y: -140 부터 140 사이의 난수 로 이동하기`로 수정합니다.

❹ [깃발(🏳)]을 클릭한 후 각도와 세기를 각각 입력하여 홀 안에 닿았을 때 공이 숨겨지는지 확인합니다.

단원종합평가문제

01 바운스 볼 만들기

실행 화면에 표시된 공을 아래쪽 바닥에 해당하는 색(갈색)에 닿으면 튕키며, 키보드의 좌우 방향키로 움직이는 바운스 볼을 만들어 보세요.

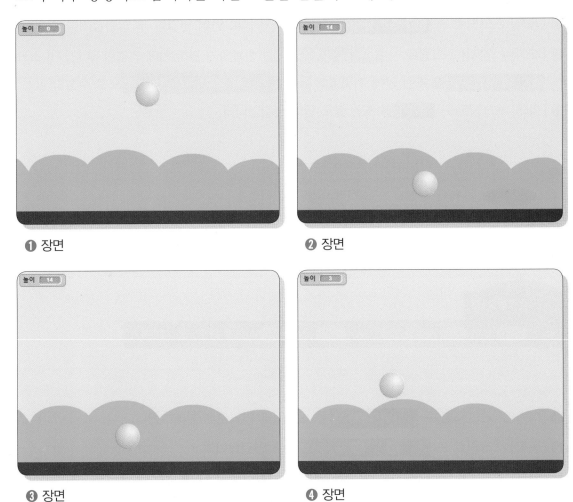

❶ 장면   ❷ 장면

❸ 장면   ❹ 장면

바운스 공

- '높이' 변수를 생성하여 특정 값을 통해 높이를 정하고 Y좌표의 값이 조금씩 줄어들면서 아래쪽 바닥에 해당하는 갈색 부분에 닿았을 경우 다시 특정 값으로 되돌려서 튕기도록 만듭니다.

- 좌우 방향키를 통해 X좌표의 값을 이용하여 좌우로 이동하며, '높이' 변수의 값을 Y좌표의 값으로 활용하여 튕기도록 만듭니다.

02 변수를 이용하여 바운스 볼의 색 변경하기

종합평가 08_02.sb2

앞에서 완성한 바운스 볼에 색 변수를 생성하고 슬라이드 형식으로 수정하여 색의 슬라이드를 움직여 볼의 색을 변경하는 방법으로 바운스 볼을 만들어 보세요.

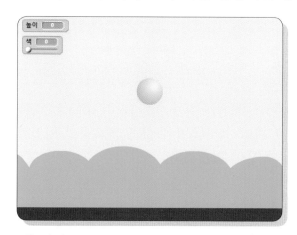

❶ 장면

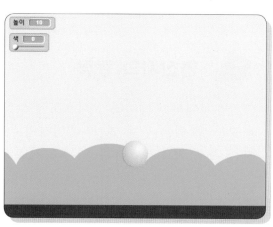

❷ 장면

❸ 장면 (색 변수의 슬라이드를 드래그하여 변수값을 수정, 볼의 색을 수정하는 장면)

'색' 변수의 슬라이드 형식 변경

변수를 생성한 실행 화면 무대에 표시된 색 변수를 더블클릭할 때마다 변수의 형식이 바뀌며, 두 번에 걸쳐 더블클릭하여 슬라이드 형식의 변수 형식으로 바꿀 수 있습니다. 슬라이드 형식의 변수는 슬라이드 단추를 드래그하여 사용자가 변수의 값을 임의로 조절할 수 있습니다.

?! 알고 넘어갑시다!

색깔 효과를 정하기

색깔 ▼ 효과를 0 (으)로 정하기   색깔, 어안렌즈, 소용돌이, 픽셀화, 모자이크, 밝기, 반투명 등의 효과를 현재 스프라이트에 지정할 수 있습니다.

Chapter **09** 연산자 이해하기

 연산자의 종류

스크래치에서는 데이터를 이용하여 수치를 연산하는 산술 연산과 데이터의 대소 관계를 비교할 수 있는 관계 연산, 데이터의 논리를 판단하는 논리 연산과 문자열의 일정한 글자를 가져 오고나 합칠 수 있는 문자열 연산자 등이 있습니다.

산술 연산자

• **수식** : (10 + (5 × 4)) − (10 / 2)

• **스크래치 연산식** : 10 + 5 * 4 - 10 / 2

관계 연산자 (크다, 작다, 같다)

▲ 크다(〉) : 만일 고양이스프라이트까지의 거리가 10 보다 크면 보이기

▲ 작다(〈) : 만일 고양이스프라이트까지의 거리가 10 보다 작으면 보이기

논리 연산자 (그리고, 또는, ~가(이) 아니다)

만약 ■ 색에 닿았는가? 또는 마우스를 클릭했는가? (이)라면
보이기

▲ 또는(OR) : 만일 빨간색에 닿았거나 (또는) 마우스를 클릭했다면 보이기

만약 ■ 색에 닿았는가? 그리고 마우스를 클릭했는가? (이)라면
보이기

▲ 그리고(AND) : 만일 빨간색에 닿았고 (그리고) 마우스를 클릭했다면 보이기

문자열 연산자

대답 와 님 반갑습니다. 결합하기

▲ 합치기 : ([대답] 변수)님 반갑습니다.

01 스크래치 · 숫자 맞히기

1~100까지의 숫자 중 임의의 수를 기억하는 고양이에게 10회의 기회 안에 묻고 대답하기 방식으로 숫자를 맞히는 게임을 만들어 봅니다. (정답 및 횟수에 대한 변수 생성)

🧱 블록 구성

스크립트	블록	설명
[연산]	◁ ▷	첫 번째 값이 두 번째 값보다 크면 참, 그렇지 않으면 거짓을 알려줍니다.
[연산]	◁ = ▷	첫 번째 값과 두 번째 값이 같은지 판단하여 같으면 참, 그렇지 않으면 거짓을 알려줍니다.
[연산]	◁ < ▷	첫 번째 값이 두 번째 값보다 작으면 참, 그렇지 않으면 거짓을 알려줍니다.
[연산]	hello 와 world 결합하기	첫 번째 문자와 두 번째 문자를 연결합니다.

스크립트 코딩 과정

가

클릭했을 때

횟수 ▼ 을(를) 1 로 정하기

정답 ▼ 변수 숨기기

정답 ▼ 을(를) 1 부터 100 사이의 난수 로 정하기

나

클릭했을 때

지금부터 숫자 맞히기 게임을 시작하겠습니다. 을(를) 2 초동안 말하기

횟수 = 10 까지 반복하기

1~100까지의 숫자 중 내가 기억하는 숫자를 맞춰보세요. 묻고 기다리기

만약 대답 = 정답 (이)라면

맞았습니다. 을(를) 2 초동안 말하기

횟수 와 회만에 맞추셨습니다. 결합하기 을(를) 2 초동안 말하기

정답 ▼ 을(를) 1 부터 100 사이의 난수 로 정하기

횟수 ▼ 을(를) 1 로 정하기

아니면

횟수 ▼ 을(를) 1 만큼 바꾸기

만약 정답 > 대답 (이)라면

대답 와 보다 큽니다. 결합하기 을(를) 2 초동안 말하기

만약 정답 < 대답 (이)라면

대답 와 보다 작습니다. 결합하기 을(를) 2 초동안 말하기

아쉽네요~ 게임을 종료하겠습니다. 을(를) 2 초동안 말하기

- '횟수' 변수 : 반복 횟수를 위해 사용합니다.
- '정답' 변수 : 1~100 사이의 난수를 이용하여 컴퓨터가 기억하는 수를 만듭니다.

'횟수' 변수를 이용, 10회에 걸쳐 반복하여 '정답' 변수의 값과 사용자가 대답한 '대답' 변수와 비교합니다. 두 값이 일치할 경우 맞았다는 결과와 함께 몇회 만에 맞추었는지 결과를 표시하며, 다시 1~100 사이의 난수를 '정답' 변수에 넣고 '횟수' 변수의 값을 1로 정하여 다시 처음부터 게임을 실행합니다.

만일 정답과 대답이 서로 일치하지 않을 경우 '횟수' 변수에 1씩 증가시키고 대답이 '정답' 변수의 값보다 큰지 혹은 작은지 알려줍니다.

가 ❶ [이벤트] 스크립트 → 클릭했을 때 를 스크립트 영역으로 드래그합니다.

❷ [데이터] 스크립트 → 횟수 ▼ 을(를) 1 로 정하기 를 연결합니다.

❸ [데이터] 스크립트 → 정답 ▼ 변수 숨기기 를 연결합니다.

❹ [데이터] / [연산] 스크립트 → 정답 ▼ 을(를) ☐ 로 정하기 를 연결한 후 1 부터 10 사이의 난수 를 끼워 넣은 다음 입력값을 수정하여 정답 ▼ 을(를) 1 부터 100 사이의 난수 로 정하기 로 수정합니다.

❹ ❶ [이벤트] 스크립트 → `클릭했을 때` 를 스크립트 영역으로 드래그합니다.

❷ [형태] 스크립트 → `Hello! 을(를) 2 초동안 말하기` 를 연결한 후 내용(지금부터 숫자 맞히기 게임을 시작하겠습니다.)을 수정합니다.

❸ [제어] / [연산] / [데이터] 스크립트 → `까지 반복하기` 를 연결한 후 조건에 `□ = □` 를 끼워 넣은 다음 `횟수` 및 입력값(10)을 수정하여 `횟수 = 10 까지 반복하기` 로 수정합니다.

❹ [감지] 스크립트 → `What's your name? 묻고 기다리기` 를 반복하기 블록 안에 연결한 후 내용(1~100까지의 숫자 중 내가 기억하는 숫자를 맞춰보세요.)을 입력합니다.

❺ [제어] / [연산] / [감지] / [데이터] 스크립트 → `만약 (이)라면 아니면` 을 반복하기 블록 안에 연결한 후 조건에 `□ = □` 를 끼워 넣고 `대답` 및 `정답` 을 끼워 넣어 `만약 대답 = 정답 (이)라면` 으로 수정합니다.

❻ [형태] 스크립트 → `Hello! 을(를) 2 초동안 말하기` 를 조건의 참이 되는 위쪽에 연결한 후 내용(맞았습니다.)을 수정합니다.

❼ [형태] / [연산] / [데이터] 스크립트 → `Hello! 을(를) 2 초동안 말하기` 를 참의 조건 블록 안에 연결한 후 `hello 와 world 결합하기` 를 끼워넣고 `횟수` 및 '회만에 맞추셨습니다.'를 내용 부분에 지정하여 `횟수 와 회만에 맞추셨습니다. 결합하기 을(를) 2 초동안 말하기` 로 수정합니다.

❽ [데이터] / [연산] 스크립트 → `정답 ▼ 을(를) □ 로 정하기` 를 연결한 후 `1 부터 10 사이의 난수` 를 끼워 넣은 다음 입력값을 수정하여 `정답 ▼ 을(를) 1 부터 100 사이의 난수 로 정하기` 로 수정합니다.

❾ [데이터] 스크립트 → `횟수 ▼ 을(를) 1 로 정하기` 를 참의 조건 블록 안에 연결합니다.

❿ [데이터] 스크립트 → `횟수 ▼ 을(를) 1 만큼 바꾸기` 를 조건의 거짓이 되는 아래쪽(아니면) 블록 안에 연결합니다.

⓫ [제어] / [연산] / [데이터] 스크립트 → `만약 (이)라면` 을 조건의 거짓이 되는 아래쪽(아니면)에 블록 안에 연결한 후 `□ > □` 를 조건 안에 끼워 넣고 내용 부분에 `정답` 및 `대답` 을 끼워 넣어 `만약 정답 > 대답 (이)라면` 로 수정합니다.

⓬ [형태] / [연산] / [감지] 스크립트 → `Hello! 을(를) 2 초동안 말하기` 를 조건의 거짓이 되는 아래쪽(아니면) 블록 안에 연결한 후 `hello 와 world 결합하기` 를 끼워넣고 `대답` 및 '보다 큽니다.'를 내용 부분에 지정하여 `대답 와 보다 큽니다. 결합하기 을(를) 2 초동안 말하기` 로 수정합니다.

⓭ ⓫~⓬번과 같은 방법으로 만약 '대답'보다 '정답'이 작다면 '대답'보다 작다는 메세지의 말풍선이 표시 되도록 블록을 연결합니다.

⓮ [형태] 스크립트 → `Hello! 을(를) 2 초동안 말하기` 를 맨 아래쪽에 연결한 후 내용(아쉽네요~ 게임을 종료하겠습니다.)을 수정합니다.

⓯ [깃발(▶)]을 클릭한 후 숫자 맞히기 게임을 실행해 봅니다.

단원종합평가문제

01 덧셈 공부하기

종합평가 09_01.sb2

1~9 까지의 한 자릿 수 덧셈 문제를 10회에 걸쳐 물어보고 점수를 알려주는 덧셈 공부 프로그램을 만들어 보세요.

❶ 장면

❷ 장면

❸ 장면

❹ 장면

문제출제

• 1~9까지의 임의의 수를 저장해 놓을 2개의 변수와 정답을 맞췄을 때 점수를 누적할 변수를 생성해야 합니다.

• 임의의 수를 저장한 변수의 합과 대답과 맞는지 비교하여 맞았을 경우 점수를 누적하는 방법으로 10회에 걸쳐 반복한 후 점수 결과를 보여주는 방식으로 프로그램을 코딩합니다.

단원종합평가문제

02 파리잡기

종합평가 09_02.sb2

목표점을 방향키를 이용하여 움직이다가 목표점에 파리가 닿은 상태에서 키보드의 SpaceBar 를 누르면 파리 모양이 잠깐 바뀌었다가 다시 임의의 시간에 표시 되도록 파리잡기 게임을 만들어 보세요.

❶ 장면

❷ 장면

❸ 장면

❹ 장면

파리

- 시작과 동시에 −10 ~ 10 사이의 무작위 수(난수) 만큼 회전하면서 1~5 사이의 무작위 수 (난수)만큼 이동 방향으로 움직이다가 벽에 닿으면 튕기도록 만듭니다.
- 만약, 목표점에 닿은 상태에서 SpaceBar 를 누른 경우 파리 모양이 잠깐(0.2초) 바뀌었다가 숨기고 실행 창의 임의의 위치에서 다시 표시 되도록 만듭니다.

과녁과 목표점

과녁은 목표점을 따라 다니도록 만들며, 목표점은 방향키에 의해 해당 방향으로 움직이도록 만듭니다.

Chapter 10 타이머 및 변수를 이용한 카운터 만들기

 타이머 기능

타이머는 프로그램에서 시간을 체크하거나 특정 시간 동안의 제어가 필요한 경우 사용하며, 스크래치에서는 [감지] 블록에 시간의 타이머 및 타이머 초기화 등의 블록을 사용할 수 있습니다. 또한 변수를 이용하여 특정 시간 동안만 작업이 이루어지도록 카운터 역할을 코딩할 수 있습니다.

변수를 이용한 카운터 만들기

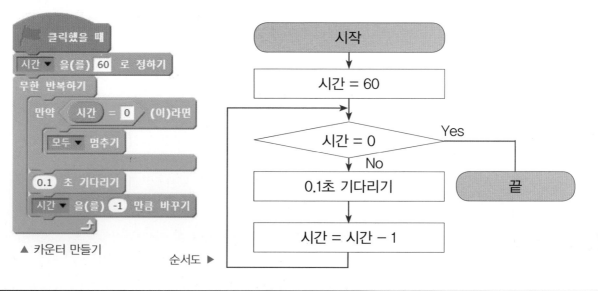

▲ 카운터 만들기

순서도 ▶

01 스크래치 · 결승점 통과 시합하기

앵무새와 박쥐의 결승점 통과 시합을 합니다. 이 때, 특정 키로 앵무새를 달리도록 코딩
하여 결승점에 들어올 때의 시간을 알려주는 결승점 통과 게임을 만들어 봅니다.

🧱 블록 구성

스크립트	블록	설명
[감지]	타이머 초기화	타이머값을 0으로 초기화합니다.
[감지]	타이머	초 단위의 타이머값을 알려줍니다.
[제어]	모두 ▼ 멈추기	모든 스프라이트와 스크립트를 멈추며, 이후 다른 스크립트 명령 블록을 연결할 수 없습니다.

스크립트 코딩 과정

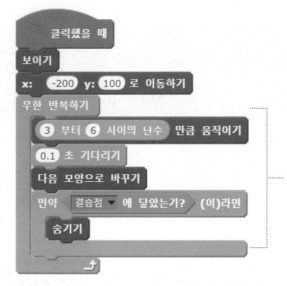

이동 방향으로 3~6 사이의 난수 만큼 이동하면서 0.1초 기다리기 및 다음 모양으로 바꾸기를 계속 반복하다가 만약, 결승점에 닿았을 경우 모양을 숨깁니다.

❶ [이벤트] 스크립트 → `클릭했을 때`를 스크립트 영역으로 드래그합니다.

❷ [형태] 스크립트 → `보이기`를 연결합니다.

❸ [동작] 스크립트 → `x: 0 y: 0 로 이동하기`를 연결한 후 입력값(−200, 100)을 수정합니다.

❹ [제어] 스크립트 → `무한 반복하기`를 연결합니다.

❺ [동작] / [연산] 스크립트 → `10 만큼 움직이기`를 반복하기 블록에 연결한 후 `1 부터 10 사이의 난수`를 입력값에 끼워 넣고 값을 입력하여 `3 부터 6 사이의 난수 만큼 움직이기`로 수정합니다.

❻ [제어] 스크립트 → `1 초 기다리기`를 반복하기 블록 안에 연결한 후 입력값(0.1)을 수정합니다.

❼ [형태] 스크립트 → `다음 모양으로 바꾸기`를 반복하기 블록 안에 연결합니다.

❽ [제어] / [감지] 스크립트 → `만약 (이)라면`을 반복하기 블록 안에 연결한 후 [감지] 스크립트의 `결승점 에 닿았는가?`를 조건 안에 끼워 넣어 `만약 결승점 에 닿았는가? (이)라면`로 수정합니다.

❾ [형태] 스크립트 → `숨기기`를 조건 블록 안에 연결합니다.

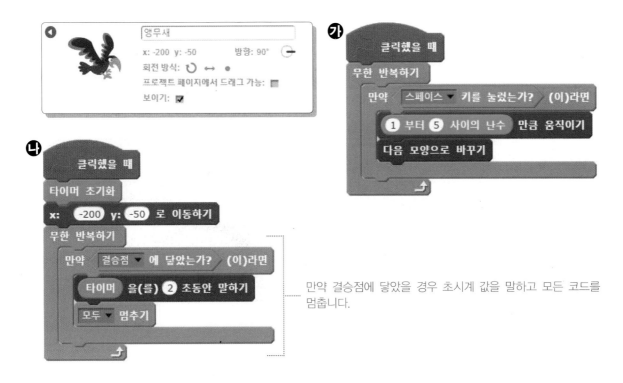

만약 결승점에 달았을 경우 초시계 값을 말하고 모든 코드를
멈춥니다.

가 ❶ [이벤트] 스크립트 → 클릭했을 때 를 스크립트 영역으로 드래그합니다.

❷ [제어] 스크립트 → 무한 반복하기 를 연결합니다.

❸ [제어] / [감지] 스크립트 → 만약 (이)라면 을 반복하기 블록 안에 연결한 후 [감지] 스크립트의 스페이스 ▼ 키를 눌렀는가? 를 조건 안에 끼워 넣어 만약 스페이스 ▼ 키를 눌렀는가? (이)라면 로 수정합니다.

❹ [동작] / [연산] 스크립트 → 10 만큼 움직이기 를 반복하기 블록에 연결한 후 1 부터 10 사이의 난수 를 입력값에 끼워넣고 값을 입력하여 1 부터 5 사이의 난수 만큼 움직이기 로 수정합니다.

❺ [형태] 스크립트 → 다음 모양으로 바꾸기 를 반복하기 블록 안에 연결합니다.

나 ❶ [이벤트] 스크립트 → 클릭했을 때 를 스크립트 영역으로 드래그합니다.

❷ [감지] 스크립트 → 타이머 초기화 를 연결합니다.

❸ [동작] 스크립트 → x: 0 y: 0 로 이동하기 를 연결한 후 입력값(−200, −50)을 수정합니다.

❹ [제어] 스크립트 → 무한 반복하기 를 연결합니다.

❺ [제어] / [감지] 스크립트 → 만약 (이)라면 을 반복하기 블록 안에 연결한 후 [감지] 스크립트의 결승점 ▼ 에 달았는가? 를 조건 안에 끼워 넣어 만약 결승점 ▼ 에 달았는가? (이)라면 로 수정합니다.

❻ [형태] / [감지] 스크립트 → Hello! 을(를) 2 초동안 말하기 를 조건 블록 안에 연결한 후 타이머 를 내용 부분에 끼워넣어 타이머 을(를) 2 초동안 말하기 로 수정합니다.

❼ [제어] 스크립트 → 모두 ▼ 멈추기 를 조건 블록 안에 연결합니다.

❽ [깃발(⚑)]을 클릭한 후 스페이스 키(SpaceBar)를 이용하여 앵무새를 움직여 결승점에 도달할 때 결과를 확인합니다.

마우스 포인터를 따라다니는 슈퍼고양이를 이용하여 외계인의 추격을 따돌리면서 아이템을 잡아 시간을 늘려주면서 오랫동안 살아 남는 잡기 놀이 게임을 만들어 봅니다.

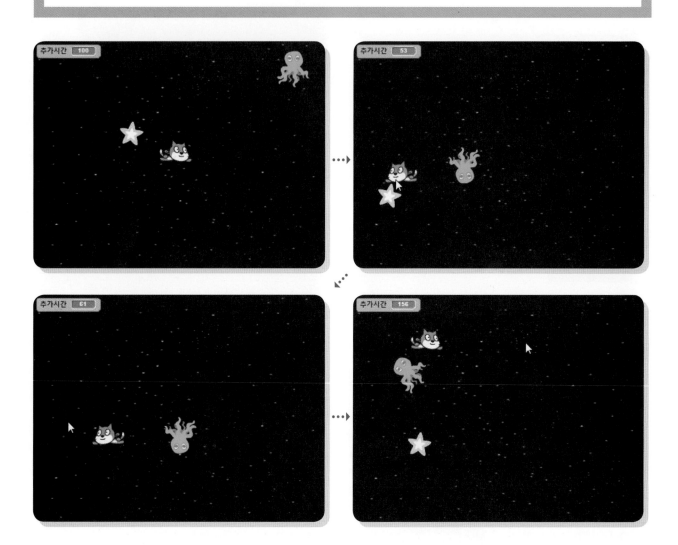

🧱 블록 구성

스크립트	블록	설명
[제어]	모두 ▼ 멈추기 모두 이 스크립트 스프라이트에 있는 다른 스크립트	• 모두 멈추기 : 모든 스프라이트의 스크립트 실행을 멈춥니다. • 이 스크립트 멈추기 : 현재 스프라이트의 스크립트 실행을 멈춥니다. • 스프라이트에 있는 다른 스크립트 멈추기 : 현재 스프라이트에 해당 블록이 연결되어 있지 않은 다른 스크립트를 멈춥니다.

스크립트 코딩 과정

계속 반복하여 슈퍼고양이쪽을 바라보며, 이동 방향
으로 1~2 사이의 난수 만큼 움직입니다.

❶ [이벤트] 스크립트 → 클릭했을 때 를 스크립트 영역으로 드래그합니다.

❷ [동작] 스크립트 → x: ⓞ y: ⓞ 로 이동하기 를 연결한 후 입력값(180, 140)을 수정합니다.

❸ [제어] 스크립트 → 무한 반복하기 를 연결합니다.

❹ [동작] 스크립트 → 슈퍼고양이 ▼ 쪽 보기 를 반복하기 블록 안에 연결합니다.

❺ [동작] / [연산] 스크립트 → 10 만큼 움직이기 를 반복하기 블록에 연결한 후 1 부터 10 사이의 난수
를 입력값에 끼워 넣고 값을 입력하여 1 부터 2 사이의 난수 만큼 움직이기 로 수정합니다.

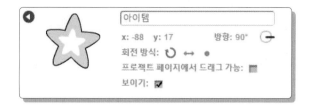

아이템

x: -88   y: 17   방향: 90°

회전 방식: ↻ ↔ •

프로젝트 페이지에서 드래그 가능: ☐

보이기: ☑

```
클릭했을 때
보이기
무한 반복하기
    1 부터 3 사이의 난수 만큼 움직이기
    ↻ -10 부터 10 사이의 난수 도 돌기
    벽에 닿으면 튕기기
    만약  슈퍼고양이 ▾ 에 닿았는가?  (이)라면
        숨기기
        1 부터 3 사이의 난수 초 기다리기
        추가시간 ▾ 을(를) 40 만큼 바꾸기
        보이기
```

무한 반복하기 블록 안에 이동 및 방향을 난수를 이용하여 무작위 값을 설정. 자유롭게 이동하면서 화면 끝에 닿으면 튕기도록 합니다.

만약, 슈퍼고양이에 닿은 경우 모양을 숨겼다가 1~3 사이의 난수에 해당하는 시간(초)동안 기다렸다가 '추가시간' 변수의 값에 40을 더하여 시간을 연장하고 모양을 보입니다.

❶ [이벤트] 스크립트 → 클릭했을 때 를 스크립트 영역으로 드래그합니다.

❷ [형태] 스크립트 → 보이기 를 연결합니다.

❸ [제어] 스크립트 → 무한 반복하기 를 연결합니다.

❹ [동작] / [연산] 스크립트 → 10 만큼 움직이기 를 반복하기 블록에 연결한 후 1 부터 10 사이의 난수 를 입력값에 끼워 넣고 값을 입력하여 1 부터 3 사이의 난수 만큼 움직이기로 수정합니다.

❺ [동작] / [연산] 스크립트 → ↻ 15 도 돌기 를 반복하기 블록에 연결한 후 1 부터 10 사이의 난수 를 입력값에 끼워 넣고 값을 입력하여 ↻ -10 부터 10 사이의 난수 도 돌기로 수정합니다.

❻ [동작] 스크립트 → 벽에 닿으면 튕기기 를 반복하기 블록 안에 연결합니다.

❼ [제어] / [감지] 스크립트 → 만약 　 (이)라면 을 반복하기 블록 안에 연결한 후 [감지] 스크립트의 슈퍼고양이 ▾ 에 닿았는가? 를 조건 안에 끼워 넣어 만약 슈퍼고양이 ▾ 에 닿았는가? (이)라면로 수정합니다.

❽ [형태] 스크립트 → 숨기기 를 조건 블록 안에 연결합니다.

❾ [제어] / [연산] 스크립트 → 1 초 기다리기 를 조건 블록 안에 연결한 후 1 부터 10 사이의 난수 를 끼워 넣고 값을 입력하여 1 부터 3 사이의 난수 초 기다리기 로 수정합니다.

❿ [데이터] 스크립트 → 추가시간 ▾ 을(를) 1 만큼 바꾸기 를 조건 블록 안에 연결한 후 입력값(40)을 수정합니다.

⓫ [형태] 스크립트 → 보이기 를 조건 블록 안에 연결합니다.

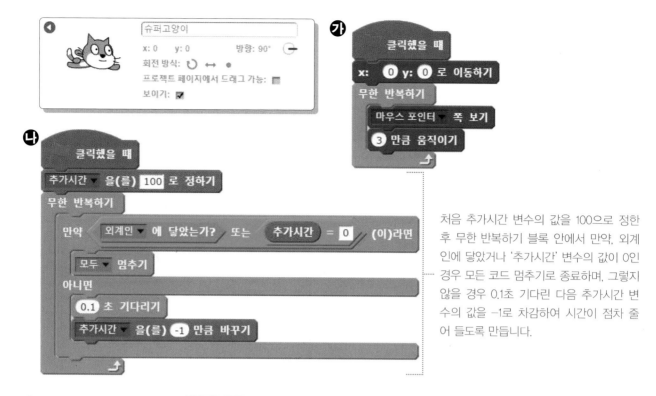

처음 추가시간 변수의 값을 100으로 정한 후 무한 반복하기 블록 안에서 만약, 외계인에 닿았거나 '추가시간' 변수의 값이 0인 경우 모든 코드 멈추기로 종료하며, 그렇지 않을 경우 0.1초 기다린 다음 추가시간 변수의 값을 −1로 차감하여 시간이 점차 줄어 들도록 만듭니다.

㉮ ❶ [이벤트] 스크립트 → 클릭했을 때 를 스크립트 영역으로 드래그합니다.

❷ [동작] 스크립트 → x: 0 y: 0 로 이동하기 를 연결합니다.

❸ [제어] 스크립트 → 무한 반복하기 를 연결합니다.

❹ [동작] 스크립트 → 마우스 포인터 ▼ 쪽 보기 를 반복하기 블록 안에 연결합니다.

❺ [동작] 스크립트 → 10 만큼 움직이기 를 반복하기 블록 안에 연결한 후 입력값(3)을 수정합니다.

㉯ ❶ [이벤트] 스크립트 → 클릭했을 때 를 스크립트 영역으로 드래그합니다.

❷ [데이터] 스크립트 → 추가시간 ▼ 을(를) 100 로 정하기 를 연결합니다.

❸ [제어] 스크립트 → 무한 반복하기 를 연결합니다.

❹ [제어] 스크립트 → 만약 (이)라면 아니면 을 반복하기 블록 안에 연결합니다.

❺ [연산] / [감지] / [데이터] 스크립트 → 또는 를 조건에 끼워 넣고 외계인 ▼ 에 닿았는가? 및 □ = □ 를 양쪽 조건에 끼워 넣은 다음 추가시간 과 입력값(0)을 뒤쪽 조건에 연결하여 만약 외계인 ▼ 에 닿았는가? 또는 추가시간 = 0 (이)라면 로 수정합니다.

❻ [제어] 스크립트 → 모두 ▼ 멈추기 를 조건 블록의 아래에 연결합니다.

❼ [제어] 스크립트 → 1 초 기다리기 를 조건 블록의 '아니면' 아래에 연결한 후 입력값(0.1)을 수정합니다.

❽ [데이터] 스크립트 → 추가시간 ▼ 을(를) 1 만큼 바꾸기 를 조건 블록의 '아니면' 아래에 연결한 후 입력값(−1)을 수정합니다.

❾ [깃발(🏳)]을 클릭한 후 마우스를 이용하여 피하기 게임을 실행해 봅니다.

단원종합평가문제

01 미로를 통과하는 자동차 기록 재기

키보드의 방향키를 이용하여 자동차를 움직여 미로를 빨리 통과하여 빨간색 결승점에 도착할 때까지의 기록을 재는 자동차 기록 게임을 만들어 보세요.

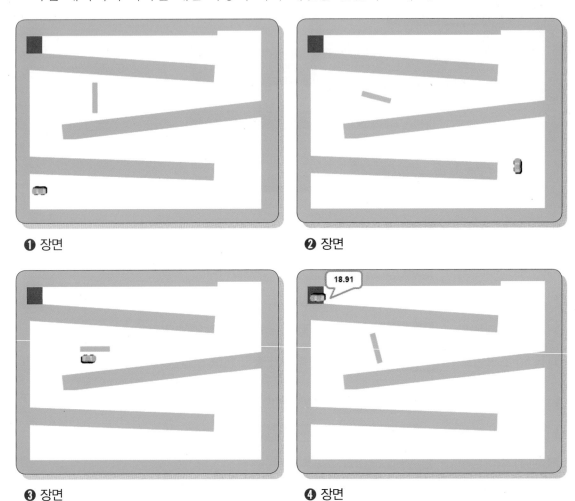

❶ 장면

❷ 장면

❸ 장면

❹ 장면

자동차

- 키보드의 방향키에 따라 해당 방향으로 5만큼씩 이동합니다.
- 초록색 벽이나 장애물에 닿았을 경우 처음 위치(x : −190, y : −120)로 다시 이동하며, 깃발이 시작되자 마자 타이머가 시작되어 결승점인 빨간색에 닿을 경우 해당 시간을 말하기 블록으로 알려줍니다.

장애물

깃발이 시작되면 무한 반복으로 0.5초 단위로 왼쪽 방향으로 15도 회전 하도록 코딩합니다.

Programming

Chapter 11 방송하기 이해하기

 방송하기란?

• 하나의 스프라이트가 다른 스프라이트를 유기적으로 연결, 상호 작용할수 있도록 도와주는 역할을 합니다.

• 스프라이트간의 작업에서 연결되는 흐름을 쉽게 파악할 수 있도록 도와줍니다.

방송하기 만들기

❶ [새 메시지...]를 선택   ❷ 메이지 이름을 입력 후 [확인]   ❸ 방송하기 목록의 생성 확인

❹ [방송하기]와 관련된 블록 :

방송하기의 작동 원리

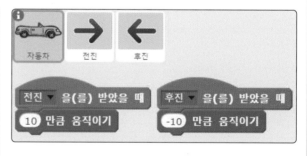

01 스크래치 · 케이크에 촛불 꽂기

날으는 고양이를 움직여 임의의 위치에 떨어져 있는 촛불을 잡아 케이크에 꽂아 완성하는 촛불 꽂기 게임을 만들어 봅니다.

🧱 블록 구성

스크립트	블록	설명
[이벤트]	메시지1 ▼ 을(를) 받았을 때	지정된 메시지를 받았을 때 하단의 스크립트 명령 블록을 실행합니다.
[이벤트]	메시지1 ▼ 방송하기	모든 스프라이트에 지정된 메시지를 방송합니다.
[감지]	x좌표 ▼ of Sprite1 ▼	지정된 스프라이트의 x 좌표, y 좌표, 방향, 모양번호, 모양 이름, 크기, 음량 등을 알려줍니다.

스크립트 코딩 과정

가 ❶ [이벤트] 스크립트 → 클릭했을 때 를 스크립트 영역으로 드래그합니다.

　❷ [형태] 스크립트 → 모양을 케이크1 ▼ (으)로 바꾸기 를 연결합니다.

나 ❶ [이벤트] 스크립트 → 클릭했을 때 를 스크립트 영역으로 드래그합니다.

　❷ [형태] 스크립트 → 다음 모양으로 바꾸기 를 연결합니다.

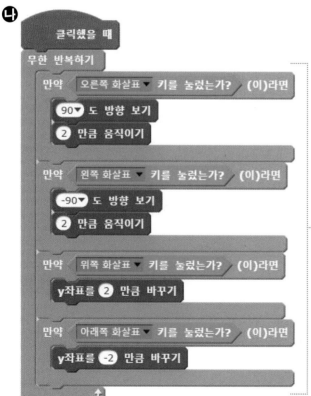

만약 케이크의 모양 번호가 6일 경우 모두 멈추고 종료
합니다.

무한 반복하기 블록 안에 방향키(왼쪽/오른쪽/위쪽/아래쪽)에
따라 해당 방향으로 2만큼씩 이동하도록 만듭니다.

㉮ ❶ [이벤트] 스크립트 → `클릭했을 때`를 스크립트 영역으로 드래그합니다.

❷ [제어] 스크립트 → `무한 반복하기`를 연결합니다.

❸ [제어] 스크립트 → `만약 ⬡ (이)라면`를 반복하기 블록 안에 연결합니다.

❹ [연산] / [감지] 스크립트 → `☐ = ☐`를 조건에 끼워 넣고 `모양 # ▼ of 케이크 ▼` 및 입력값(6)을 양쪽 위치에 지정하여 `만약 모양 # ▼ of 케이크 ▼ = 6 (이)라면`로 수정합니다.

❺ [제어] 스크립트 → `모두 ▼ 멈추기`를 조건 블록 안에 연결합니다.

㉯ ❶ [이벤트] 스크립트 → `클릭했을 때`를 스크립트 영역으로 드래그합니다.

❷ [제어] 스크립트 → `무한 반복하기`를 연결합니다.

❸ [제어] 스크립트 → `만약 ⬡ (이)라면`을 `무한 반복하기` 블록 안에 연결합니다.

❹ [감지] 스크립트 → `오른쪽 화살표 ▼ 키를 눌렀는가?`를 `만약 ⬡ (이)라면` 블록의 조건 안에 끼워 넣어 `만약 오른쪽 화살표 ▼ 키를 눌렀는가? (이)라면`으로 수정합니다.

❺ [동작] 스크립트 → `90 ▼ 도 방향 보기`를 조건 블록 안에 연결합니다.

❻ [동작] 스크립트 → `10 만큼 움직이기`를 조건 블록 안에 연결한 후 입력값(2)을 수정합니다.

❼ ❸~❻번과 같은 방법으로 왼쪽 화살표를 눌렀을 때 −90도 방향으로 2만큼 움직이도록 연결합니다.

❽ [제어] 스크립트 → `만약 ⬡ (이)라면`을 `무한 반복하기` 블록 안에 연결합니다.

❾ [감지] 스크립트 → `위쪽 화살표 ▼ 키를 눌렀는가?`를 `만약 ⬡ (이)라면` 블록의 조건 안에 끼워 넣어 `만약 위쪽 화살표 ▼ 키를 눌렀는가? (이)라면`으로 수정합니다.

❿ [동작] 스크립트 → `y좌표를 10 만큼 바꾸기`를 조건 블록 안에 연결한 후 입력값(2)을 수정합니다.

⓫ ❽~❿번과 같은 방법으로 아래쪽 화살표를 눌렀을 때 y 좌표를 −2만큼 움직이도록 설정하여 아래로 2만큼 이동 되도록 연결합니다.

······ 만약, 초가 고양이에 닿았을 경우 고양이 위치로 이동합니다.

나

```
클릭했을 때
무한 반복하기
  만약  케이크 ▼ 에 닿았는가?  (이)라면
    숨기기
    0.5 초 기다리기
    x:  -230 부터 230 사이의 난수  y:  -80 부터 170 사이의 난수  로 이동하기
    보이기
    케이크변경 ▼ 방송하기
```

만약, 초가 케이크에 닿았을 경우 모양을 잠깐 숨긴 후 0.5초 기다렸다가 실행 화면의 임의의 위치로 이동하여 모양을 보이고 '케이크변경' 방송하기 신호를 보냅니다.

가 ❶ [이벤트] 스크립트 → `클릭했을 때` 를 스크립트 영역으로 드래그합니다.

❷ [제어] 스크립트 → `무한 반복하기` 를 연결합니다.

❸ [제어] / [감지] 스크립트 → `만약     (이)라면` 을 반복하기 블록 안에 연결한 후 [감지] 스크립트의 `고양이 ▼ 에 닿았는가?` 를 조건 안에 끼워 넣어 `만약  고양이 ▼ 에 닿았는가?  (이)라면` 로 수정합니다.

❹ [동작] 스크립트 → `고양이 ▼ 위치로 이동하기` 를 연결합니다.

나 ❶ [이벤트] 스크립트 → `클릭했을 때` 를 스크립트 영역으로 드래그합니다.

❷ [제어] 스크립트 → `무한 반복하기` 를 연결합니다.

❸ [제어] / [감지] 스크립트 → `만약     (이)라면` 을 반복하기 블록 안에 연결한 후 [감지] 스크립트의 `케이크 ▼ 에 닿았는가?` 를 조건 안에 끼워 넣어 `만약  케이크 ▼ 에 닿았는가?  (이)라면` 로 수정합니다.

❹ [형태] 스크립트 → `숨기기` 를 조건 블록 안에 연결합니다.

❺ [제어] 스크립트 → `1 초 기다리기` 를 조건 블록의 아래에 연결한 후 입력값(0.5)을 수정합니다.

❻ [동작] / [연산] 스크립트 → `x: 0 y: 0 로 이동하기` 를 조건 블록 안에 연결한 후 [연산] 스크립트의 `1 부터 10 사이의 난수` 를 x와 y에 모두 끼워 넣고 내용을 '−230', '230'과 '−80', '170' 등으로 입력하여 `x: -230 부터 230 사이의 난수  y: -80 부터 170 사이의 난수  로 이동하기` 로 수정합니다.

❼ [형태] 스크립트 → `보이기` 를 조건 블록 안에 연결합니다.

❽ [이벤트] 스크립트 → `메시지1 ▼ 방송하기` 를 조건 블록 안에 연결한 후 목록 단추(▼)를 눌러 [새 메시지]를 선택한 다음 '케이크변경'을 입력하여 `케이크변경 ▼ 방송하기` 로 수정합니다.

❾ [깃발(🏳)]을 클릭한 후 고양이를 움직여 초를 케이크로 이동, 5개의 초를 케이크에 꽂아봅니다.

단원종합평가문제

01 거리 센서를 이용한 자동문 만들기

물체가 센서 근처에 왔을 때 자동으로 문이 열리고 센서에게 멀어질 때 자동으로 문이 닫히도록 만들어 보세요.

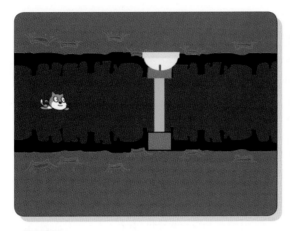

❶ 장면

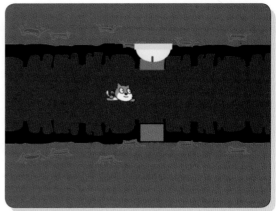

❷ 장면

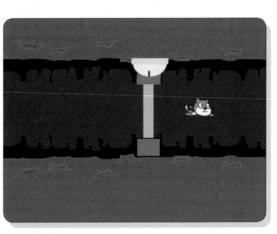

❸ 장면

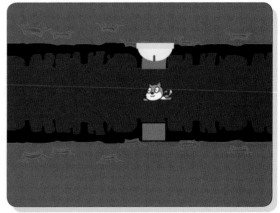

❹ 장면

센서

고양이가 100 이내로 가까이 왔을 때 자동문에게 '열기' 방송하기를 보내고 거리가 멀어졌을 때 '닫기' 방송하기를 보내도록 설정합니다.

자동문

'열기' 방송하기를 받았을 때 자동문이 열린 모양으로 바꾸고 '닫기' 방송하기를 받았을 때 자동문이 닫힌 모양으로 바꿉니다.

02 룰렛판 돌리기

종합평가 11_02.sb2

시작(Start) 단추를 클릭하면 룰렛 화살표와 룰렛판이 서로 반대 방향으로 반복해서 회전하고 종료(Stop) 단추를 클릭하면 룰렛 화살표와 룰렛판 모두가 멈추는 룰렛 게임을 만들어 보세요.

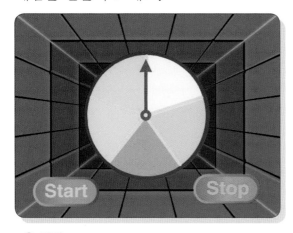

❶ 장면

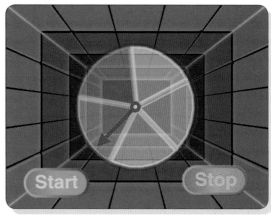

❷ 장면

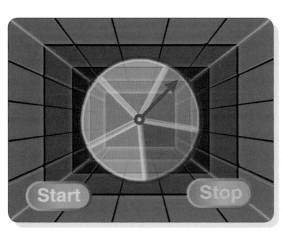

❸ 장면

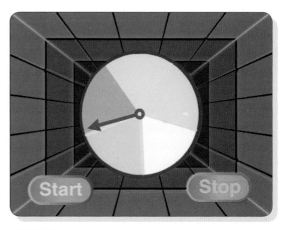

❹ 장면

시작단추 클릭 시
- 룰렛 화살표 : 오른쪽으로 15도씩 반복해서 회전합니다.
- 룰렛판 : 왼쪽으로 15도씩 반복해서 회전하며, 반투명도를 50%로 설정합니다.

종료단추 클릭 시
- 룰렛 화살표 : 회전을 멈춥니다.
- 룰렛판 : 회전을 멈추고 투명도를 0%로 설정합니다.

Chapter 12 복제 이해하기

 복제 기능

스크래치에서는 자신 또는 특정 스프라이트를 복제할 수 있는 기능이 있습니다. 주로 게임에서 무기가 발사되는 장면을 떠올리면 쉽게 이해할 수 있는데 스프라이트가 복제될 경우 복제된 스프라이트에 대해 특정 기능을 수행할 수 있도록 프로그램을 코딩할 수 있는 특징이 있습니다.

스프라이트의 복제 및 복제된 스프라이트의 기능 실행

블록 묶음

▲ 자신 또는 현재 프로젝트의 열려있는 스프라이트 중에서 복제본을 생성할 수 있습니다.

▲ 복제된 스프라이트가 실행 할 기능을 해당 블록 아래에 연결 하여 코딩할 수 있습니다.

도장찍기와 복제와의 차이점

[펜] 스크립트의 [도장찍기]는 스프라이트를 실행 화면에 그대로 찍어 단순히 이미지로 만드는 기능이고, [제어] 스크립트의 [복제하기]는 스프라이트를 그대로 복제하여 [복제되었을 때] 블록을 통해 해당 스프라이트에 특정 기능을 수행할 수 있도록 지적 능력을 부여할 수 있다는데 차이가 있습니다.

01 스크래치 · 제리의 고양이 톰 피하기

고양이 톰이 벽에 부딪쳐 튕기면서 자기 자신을 계속 복제하여 고양이 톰의 숫자를 계속 늘려주며, 이 때 마우스를 이용하여 제리를 움직여 피하는 게임을 만들어 봅니다.

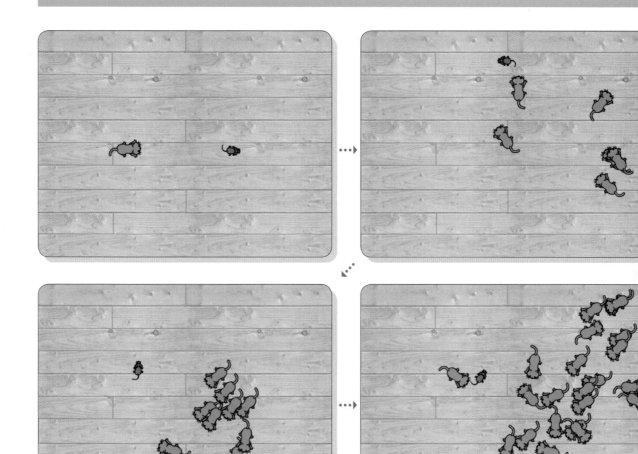

🧱 블록 구성

스크립트	블록	설명
[제어]	나 자신 ▼ 복제하기	선택한 스프라이트의 복제본을 생성합니다.
[제어]	복제되었을 때	해당 스프라이트의 복제본이 생성되었을 때 아래에 연결된 스크립트를 실행합니다.
[제어]	이 복제본 삭제하기	[복제되었을 때] 블록과 함께 사용하여 생성된 복제본을 삭제합니다.

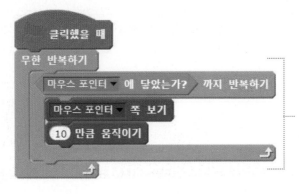

시작 깃발이 클릭되었을 때에 마우스 포인터에 닿았을 때까지 계속 반복하여 마우스 포인터 쪽을 바라보며 10만큼씩 이동합니다.

❶ [이벤트] 스크립트 → 클릭했을 때 를 스크립트 영역으로 드래그합니다.

❷ [제어] 스크립트 → 무한 반복하기 를 연결합니다.

❸ [제어] / [감지] 스크립트 → 까지 반복하기 를 반복하기 블록 안에 연결한 후 조건 안에 마우스 포인터 ▼ 에 닿았는가? 를 끼워 넣어 마우스 포인터 ▼ 에 닿았는가? 까지 반복하기 로 수정합니다.

❹ [동작] 스크립트 → 마우스 포인터 ▼ 쪽 보기 를 조건 블록 안에 연결합니다.

❺ [동작] 스크립트 → 10 만큼 움직이기 를 조건 블록 안에 연결합니다.

고양이 톰이 2~3 사이의 난수 만큼 이동하고 만약, 벽에 닿았을 경우 튕기기 및 마우스 포인터 쪽을 바라보며 자신의 복제본을 만듭니다. 이 때에 −15~15 사이의 난수 만큼 고양이가 회전하도록 설정합니다.

고양이 톰이 복제되었을 때에 복제된 고양이가 2~3 사이의 난수 만큼 움직이며, 만약 벽에 닿았을 경우 튕기기 및 마우스 포인터 쪽을 바라보며, 이동 방향을 −15~15 사이의 난수 만큼 회전합니다.

⑦❶ [이벤트] 스크립트 → `클릭했을 때` 를 스크립트 영역으로 드래그합니다.

❷ [제어] 스크립트 → `무한 반복하기` 를 연결합니다.

❸ [동작] / [연산] 스크립트 → `10 만큼 움직이기` 를 반복하기 블록에 연결한 후 `1 부터 10 사이의 난수` 를 입력값에 끼워 넣고 값을 입력하여 `2 부터 3 사이의 난수 만큼 움직이기` 로 수정합니다.

❹ [제어] / [감지] 스크립트 → `만약 (이)라면` 을 반복하기 블록 안에 연결한 후 [감지] 스크립트의 `벽 ▼ 에 달았는가?` 를 조건 안에 끼워 넣어 `만약 벽 ▼ 에 달았는가? (이)라면` 로 수정합니다.

❺ [동작] 스크립트 → `벽에 닿으면 튕기기` 를 조건 블록 안에 연결합니다.

❻ [동작] 스크립트 → `마우스 포인터 ▼ 쪽 보기` 를 조건 블록 안에 연결합니다.

❼ [제어] 스크립트 → `나 자신 ▼ 복제하기` 를 조건 블록 안에 연결합니다.

❽ [동작] / [연산] 스크립트 → `↻ 15 도 돌기` 를 조건 블록 안에 연결한 후 `1 부터 10 사이의 난수` 를 입력값에 끼워 넣고 값을 입력하여 `↻ -15 부터 15 사이의 난수 도 돌기` 로 수정합니다.

스크립트 블록 묶음의 복사하기

⑦번의 블록 묶음과 유사한 블록 묶음을 하나 더 표시해야 할 경우 복사 명령을 실행하면 쉽게 만들 수 있으며, 사용법은 복사할 스크립트 블록 묶음에서 바로 가기 메뉴의 [복사]를 클릭한 후 스크립트 영역의 빈 공간에서 클릭하면 해당 위치에 블록 묶음이 하나 더 표시됩니다.

---

❹❶ [제어] 스크립트 → `복제되었을 때` 를 스크립트 영역으로 드래그합니다.

❷ [제어] 스크립트 → `무한 반복하기` 를 연결합니다.

❸ [동작] / [연산] 스크립트 → `10 만큼 움직이기` 를 반복하기 블록에 연결한 후 `1 부터 10 사이의 난수` 를 입력값에 끼워 넣고 값을 입력하여 `2 부터 3 사이의 난수 만큼 움직이기` 로 수정합니다.

❹ [제어] / [감지] 스크립트 → `만약 (이)라면` 을 반복하기 블록 안에 연결한 후 [감지] 스크립트의 `벽 ▼ 에 달았는가?` 를 조건 안에 끼워 넣어 `만약 벽 ▼ 에 달았는가? (이)라면` 로 수정합니다.

❺ [동작] 스크립트 → `벽에 닿으면 튕기기` 를 조건 블록 안에 연결합니다.

❻ [동작] 스크립트 → `마우스 포인터 ▼ 쪽 보기` 를 조건 블록 안에 연결합니다.

❼ [동작] / [연산] 스크립트 → `↻ 15 도 돌기` 를 조건 블록 안에 연결한 후 `1 부터 10 사이의 난수` 를 입력값에 끼워 넣고 값을 입력하여 `↻ -15 부터 15 사이의 난수 도 돌기` 로 수정합니다.

❽ [깃발(🚩)]을 클릭한 후 계속 복제되는 고양이 톰을 마우스 포인터를 움직여 제리가 피하는 게임을 실행해 봅니다.

단원종합평가문제

01 우주거미의 무기 발사하기

종합평가 12_01.sb2

우주거미가 위쪽 임의의 위치에서 좌우로 움직이면서 무기를 발사하는 프로젝트를 만들어 보세요.

❶ 장면

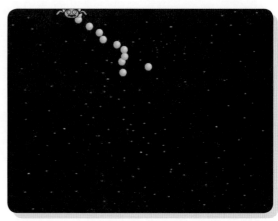

❷ 장면

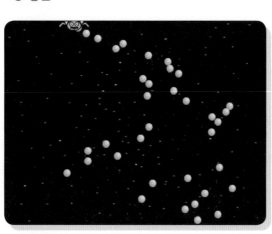

❸ 장면

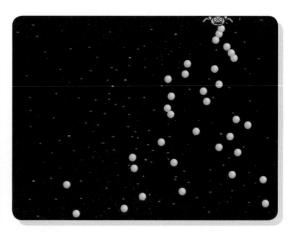

❹ 장면

우주거미
일정 시간동안 위쪽 임의의 위치에서 좌우로만 계속해서 움직이도록 만듭니다.

무기
- 깃발(🚩)을 클릭할 때 모양을 보인 상태에서 계속해서 우주거미 위치로 이동하며, 자신의 일정 시간(0.1)마다 복제본을 만듭니다.
- 복제되었을 때 일정 시간(5) 동안 임의의 가로 방향(−230~230)과 아래쪽 벽에 닿을 정도의 세로 방향(−175)으로 이동한 후 벽에 닿은 경우 복제본이 삭제되도록 만듭니다.

02 잠수부의 사냥 연습하기

종합평가 12_02.sb2

바닷속 잠수부를 마우스를 이용하여 세로 방향으로 움직이면서 특정키(SpaceBar)를 눌러 작살을 발사하면서 사냥 연습을 하도록 프로젝트를 완성해 보세요.

❶ 장면

❷ 장면

❸ 장면

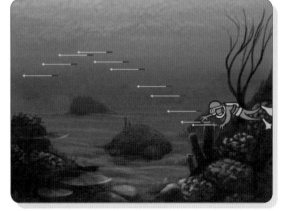

❹ 장면

잠수부

특정 위치(x : 150, y : 0)에서 시작하여 마우스의 상하 방향을 따라 자유롭게 움직이면서 특정 키(SpaceBar)를 누르면 작살이 발사 되도록 만듭니다.

작살

항상 잠수부의 특정 부위(손)에서 복제본이 생성되었을 때 왼쪽 방향으로 발사되어 왼쪽의 벽에 닿았을 경우 복제본이 삭제되도록 만듭니다.

Chapter 13 소리 이해하기

 ## 소리 기능

스크래치에서는 소리 저장소의 소리 파일 또는 컴퓨터에 저장된 소리 파일이나 직접 녹음하여 해당 소리 파일을 이용하여 스프라이트에 다양한 효과음을 표현할 수 있습니다.

소리 파일의 등록은 등록할 배경 또는 스프라이트의 [소리] 탭에서 저장소에서 소리 선택(🔊), 새로운 소리 기록하기(🎤), 소리 파일 업로드하기(⬆) 등을 이용하여 등록한 후 [스크립트] 탭에서 소리 재생에 관련된 스크립트 블록을 사용하여 효과를 만듭니다.

소리 추가하기

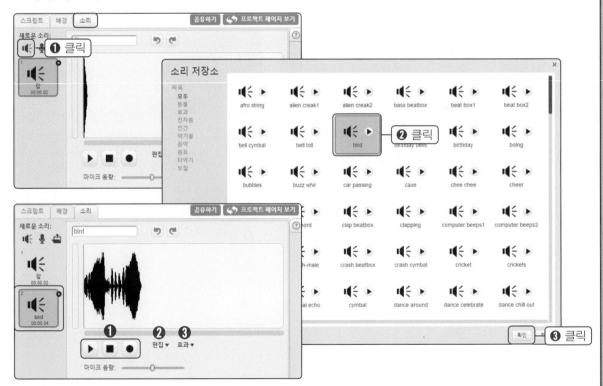

❶ **재생 / 멈춤 / 녹음** : 현재의 소리 파일을 재생 및 멈춤과 새로운 소리를 녹음하여 파일로 생성합니다.

❷ **편집** : 소리 파일의 자르기, 복사, 붙이기 및 삭제, 모두 선택하기, 되돌리기, 재시도 등을 지정합니다.

❸ **효과** : 페이드인 및 페이드아웃, 음량 키우기, 음량 줄이기, 음량 끄기, 역방향 등을 지정합니다.

01 스크래치 · 주사위 게임 만들기

알파고와 주사위 게임을 통해 승패 결과를 표시하며, 승패 결과에 따라 다양한 효과음이
재생 되도록 만들어 봅니다.

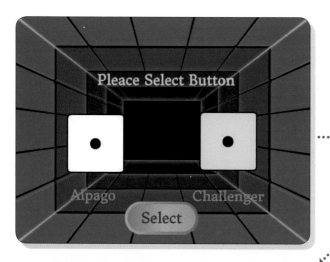 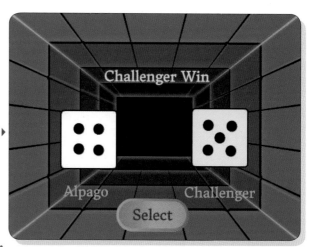

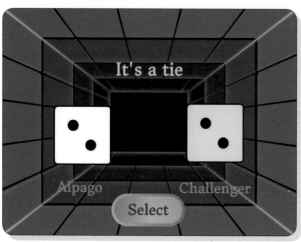 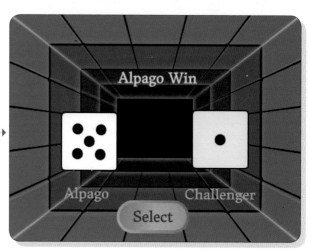

🧱 블록 구성

스크립트	블록	설명
[소리]	meow ▾ 재생하기	지정된 소리를 재생하며 다음 스크립트 명령 블록을 실행합니다.
[소리]	meow ▾ 끝까지 재생하기	지정된 소리를 끝까지 재생한 다음 스크립트 명령 블록을 실행합니다.

❶ [이벤트] 스크립트 → `이 스프라이트가 클릭될 때`를 스크립트 영역으로 드래그합니다.

❷ [형태] 스크립트 → `숨기기`를 연결합니다.

❸ [이벤트] 스크립트 → `결정 ▾ 방송하기`를 연결합니다.

❹ [제어] 스크립트 → `1 초 기다리기`를 연결합니다.

❺ [형태] 스크립트 → `보이기`를 연결합니다.

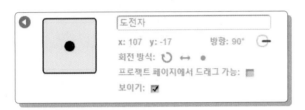

'결정' 방송하기를 받았을 때 '도전자' 변수에 1~6 사이의 난수를 정하고 '결과' 방송하기 신호를 보냅니다.
'도전자' 변수의 값 만큼 반복하여 모양 바꾸기 및 0.1초 기다리기로 주사위 모양을 바꿉니다.

❶ [이벤트] 스크립트 → `결정 ▾ 을(를) 받았을 때`를 스크립트 영역으로 드래그합니다.

❷ [데이터] / [연산] 스크립트 → `도전자 ▾ 을(를) 0 로 정하기`를 연결한 후 `1 부터 10 사이의 난수`를 끼워 넣고 값을 입력하여 `도전자 ▾ 을(를) 1 부터 6 사이의 난수 로 정하기`로 수정합니다.

❸ [이벤트] 스크립트 → `결과 ▾ 방송하기`를 연결합니다.

❹ [제어] / [데이터] 스크립트 → `10 번 반복하기`를 연결한 후 `도전자`를 입력값에 끼워넣어 `도전자 번 반복하기`로 수정합니다.

❺ [형태] 스크립트 → `다음 모양으로 바꾸기`를 반복하기 블록 안에 연결합니다.

❻ [제어] 스크립트 → `1 초 기다리기`를 반복하기 블록 안에 연결한 후 입력값(0.1)을 수정합니다.

❼ [형태] / [데이터] 스크립트 → `모양을 costume2 ▾ (으)로 바꾸기`를 연결한 후 `도전자`를 끼워넣어 `모양을 도전자 (으)로 바꾸기`로 수정합니다.

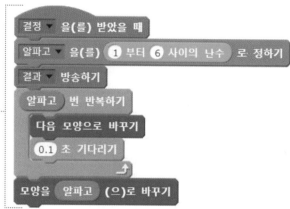

'결정' 방송하기를 받았을 때 '알파고' 변수에 1~6 사이의 난수를 정하고 '결과' 신호를 보냅니다.
'알파고' 변수의 값 만큼 반복하여 모양 바꾸기 및 0.1초 기다리기로 주사위 모양을 바꿉니다.

❶ [이벤트] 스크립트 → 결정 ▼ 을(를) 받았을 때 를 스크립트 영역으로 드래그합니다.

❷ [데이터] / [연산] 스크립트 → 알파고 ▼ 을(를) 0 로 정하기 를 연결한 후 1 부터 10 사이의 난수 를 끼워 넣고 값을 입력하여 알파고 ▼ 을(를) 1 부터 6 사이의 난수 로 정하기 로 수정합니다.

❸ [이벤트] 스크립트 → 결과 ▼ 방송하기 를 연결합니다.

❹ [제어] / [데이터] 스크립트 → 10 번 반복하기 를 연결한 후 [데이터] 스크립트의 알파고 를 입력값에 끼워 넣어 알파고 번 반복하기 로 수정합니다.

❺ [형태] 스크립트 → 다음 모양으로 바꾸기 를 반복하기 블록 안에 연결합니다.

❻ [제어] 스크립트 → 1 초 기다리기 를 반복하기 블록 안에 연결한 후 입력값(0.1)을 수정합니다.

❼ [형태] / [데이터] 스크립트 → 모양을 costume2 ▼ (으)로 바꾸기 를 연결한 후 알파고 를 끼워 넣어 모양을 알파고 (으)로 바꾸기 로 수정합니다.

'xylo3' 및 'cheer' 소리 파일 등록 ▶

[결정내용] 스프라이트의 소리 삽입하기

❶ [결정내용] 스프라이트가 선택된 상태에서 [소리] 탭을 클릭합니다.
❷ 저장소에서 소리 선택(🔊)을 클릭합니다.
❸ [소리 저장소] 대화상자에서 소리 파일을 선택한 후 [확인] 단추를 클릭합니다.

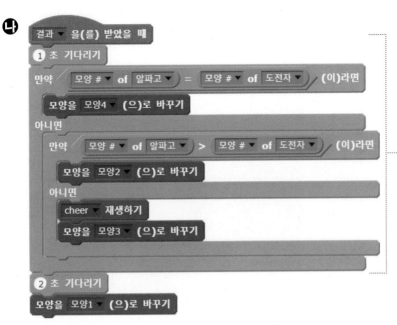

'결과' 방송하기를 받았을 경우 1초 기다린 후 만약, 알파고 주사위 숫자 모양과 도전자 주사위 숫자 모양이 같을 경우 결정 내용이 '비겼습니다.' 모양으로 표시하고 아니면 만약, 알파고 주사위 숫자 모양이 도전자 주사위 숫자 모양보다 클 경우 결정 내용이 '알파고 승'. 그렇지 않으면 '도전자 승' 모양으로 표시합니다.

가 ❶ [이벤트] 스크립트 → 클릭했을 때 를 스크립트 영역으로 드래그합니다.

❷ [제어] 스크립트 → 무한 반복하기 를 연결합니다.

❸ [소리] 스크립트 → xylo3 끝까지 재생하기 를 반복하기 블록 안에 연결합니다.

나 ❶ [이벤트] 스크립트 → 결과 을(를) 받았을 때 를 스크립트 영역으로 드래그합니다.

❷ [제어] 스크립트 → 1 초 기다리기 를 연결합니다.

❸ [제어] / [연산] / [감지] 스크립트 → 만약 (이)라면 / 아니면 을 연결한 후 [연산] 스크립트의 □=□ 를

조건 안에 끼워 넣고 [감지] 스크립트의 모양 # of 알파고 와 모양 # of 도전자 를 양쪽 입력값에 연결하여 만약 모양 # of 알파고 = 모양 # of 도전자 (이)라면 로 수정합니다.

❹ [형태] 스크립트 → 모양을 모양4 (으)로 바꾸기 를 조건의 참일 경우에 해당하는 위쪽에 연결합니다.

❺ [제어] / [연산] / [감지] 스크립트 → 만약 (이)라면 / 아니면 을 조건의 거짓일 경우에 해당하는 아래에

연결한 후 □>□ 를 조건 안에 끼워 넣고 모양 # of 알파고 와 모양 # of 도전자 를 양쪽 입력값에 연결하여 만약 모양 # of 알파고 > 모양 # of 도전자 (이)라면 로 수정합니다.

❻ [형태] 스크립트 → 모양을 모양2 (으)로 바꾸기 를 조건의 참일 경우에 해당하는 위쪽에 연결합니다.

❼ [소리] 스크립트 → cheer 재생하기 를 조건의 거짓이 되는 아래쪽(아니면)에 연결합니다.

❽ [형태] 스크립트 → 모양을 모양3 (으)로 바꾸기 를 조건의 거짓이 되는 아래쪽(아니면)에 연결합니다.

❾ [제어] 스크립트 → 1 초 기다리기 를 연결한 후 입력값(2)을 수정합니다.

❿ [형태] 스크립트 → 모양을 모양1 (으)로 바꾸기 를 연결합니다.

⓫ [깃발(🏴)]을 클릭한 후 [Select] 단추를 클릭하여 주사위 게임을 실행하고 결과를 확인합니다.

단원종합평가문제

01 댄스 경연대회 만들기

종합평가 13_01.sb2

댄스 음악에 맞추어 무대에서 스프라이트가 춤을 추고 음량조절 단추로 볼륨을 조절할 수 있는 댄스 경연대회 프로젝트를 만들어 보세요.

❶ 장면

❷ 장면

❸ 장면

❹ 장면

댄서1 / 댄서2 / 댄서3

깃발(🏴)이 클릭되면 0.2초 단위로 모양을 바꾸면서 춤 추는 동작을 반복합니다.

무대

- 댄스 음악의 소리 파일(dance around, dance celebrate, dance chill out)을 추가합니다.
- 음량조절 변수를 생성하여 슬라이드 단추 모양으로 바꿉니다.
- 깃발(🏴)이 클릭되면 3곡의 댄스 음악이 연속으로 반복해서 재생되며, 음량조절 변수를 이용하여 음량을 조절할 수 있도록 설정합니다.

Chapter 14 배경의 전환 방식 이해하기

 배경 사용하기

스크래치에서 배경은 하나 이상의 여러 배경을 추가할 수 있으며, 특정 상황에 따라 배경이 전환되도록 설정할 수 있습니다.

배경에 관련된 블록은 [무대]를 클릭한 후 [스크립트] 탭에서 [이벤트], [형태], [제어], [소리], [감지], [펜], [연산], [데이터] 등 스크립트를 클릭했을 때 표시되는 블록을 사용할 수 있으며, 주로 [형태] 스크립트의 `배경을 backdrop1 ▼ (으)로 바꾸기` 와 [이벤트] 스크립트의 `배경이 backdrop1 ▼ (으)로 바뀌었을 때` 등을 들 수 있습니다.

배경 추가 및 배경 변경하기

▲ 배경을 바꿀 때 사용

▲ 특정 배경으로 바뀌었을 때 사용

01 스크래치 · 칠교놀이 만들기

칠교 조각을 이용하여 다양한 동물 모양과 함께 소리 효과를 넣어 칠교 놀이판을 만들어
봅니다.

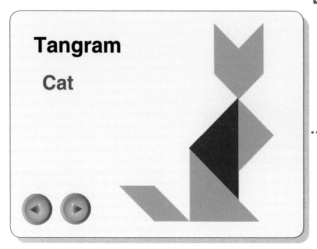

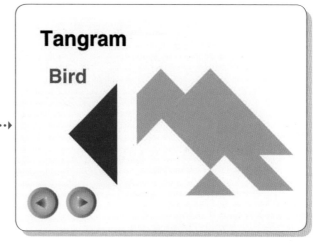

🧱 블록 구성

스크립트	블록	설명
[형태]	배경을 backdrop1 ▼ (으)로 바꾸기	무대의 배경을 지정된 배경으로 바꿉니다.
[이벤트]	배경이 backdrop1 ▼ (으)로 바뀌었을 때	선택한 배경으로 바뀌었을 때 하단의 스크립트 명령 블록을 실행합니다.

스크립트 코딩 과정

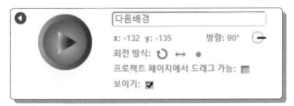

가 ❶ [이벤트] 스크립트 → 클릭했을 때 를 스크립트 영역으로 드래그합니다.

❷ [형태] 스크립트 → 맨 앞으로 순서 바꾸기 를 연결합니다.

나 ❶ [이벤트] 스크립트 → 이 스프라이트가 클릭될 때 를 스크립트 영역으로 드래그합니다.

❷ [펜] 스크립트 → 지우기 를 연결합니다.

❸ [형태] 스크립트 → 배경을 이전 배경 ▼ (으)로 바꾸기 를 연결합니다.

가 ❶ [이벤트] 스크립트 → 클릭했을 때 를 스크립트 영역으로 드래그합니다.

❷ [형태] 스크립트 → 맨 앞으로 순서 바꾸기 를 연결합니다.

나 ❶ [이벤트] 스크립트 → 이 스프라이트가 클릭될 때 를 스크립트 영역으로 드래그합니다.

❷ [펜] 스크립트 → 지우기 를 연결합니다.

❸ [형태] 스크립트 → 배경을 다음 배경으로 바꾸기 ▼ (으)로 바꾸기 를 연결합니다.

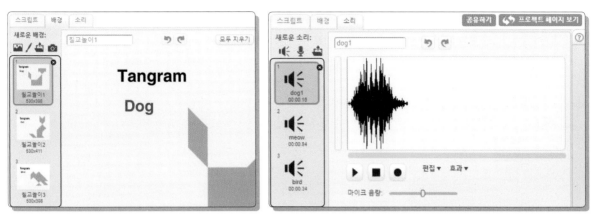

▲ 무대의 배경(칠교놀이1~칠교놀이3) 및 소리 파일(dog1, meow, bird) 삽입 확인

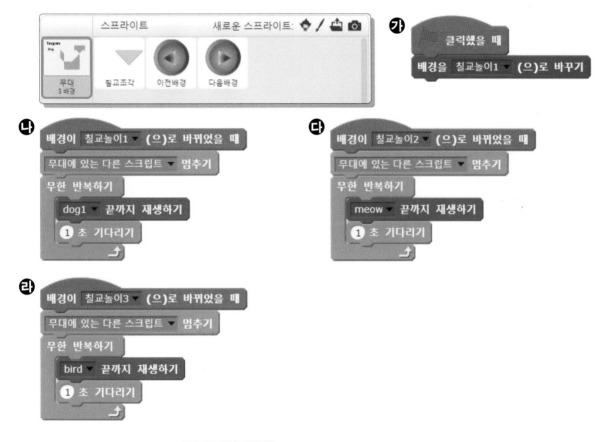

가 ❶ [이벤트] 스크립트 → 클릭했을 때 를 스크립트 영역으로 드래그합니다.

❷ [형태] 스크립트 → 배경을 칠교놀이1 ▼ (으)로 바꾸기 를 연결합니다.

나 ❶ [이벤트] 스크립트 → 배경이 칠교놀이1 ▼ (으)로 바뀌었을 때 를 스크립트 영역으로 드래그합니다.

❷ [제어] 스크립트 → 무대에 있는 다른 스크립트 ▼ 멈추기 를 연결합니다.

❸ [제어] 스크립트 → 무한 반복하기 를 연결합니다.

❹ [소리] 스크립트 → dog1 ▼ 끝까지 재생하기 를 반복하기 블록 안에 연결합니다.

❺ [제어] 스크립트 → 1 초 기다리기 를 반복하기 블록 안에 연결합니다.

다 나번과 같은 방법으로 배경이 '칠교놀이2 / 칠교놀이3'로 바뀔 때 무대에 있는 다른 스크립트를 멈추고
라 소리(meow / bird) 효과를 1초 단위로 쉬며 반복하여 재생하도록 설정합니다.

칠교 조각을 마우스 포인터 위치로 이동합니다.
만약, a를 눌렀다면 칠교 조각의 모양을 바꿉니다.(0.5초 기다리기)
만약, s를 눌렀다면 45도 회전합니다.(0.5초 기다리기)
만약, 스페이스바를 눌렀다면 칠교 조각을 도장찍습니다.
만약, z를 눌렀다면 실행 화면에 찍힌 그림을 모두 지웁니다.

❶ [이벤트] 스크립트 → 클릭했을 때 를 스크립트 영역으로 드래그합니다.

❷ [제어] 스크립트 → 무한 반복하기 를 연결합니다.

❸ [동작] 스크립트 → 마우스 포인터▼ 위치로 이동하기 를 반복하기 블록 안에 연결합니다.

❹ [제어] / [감지] 스크립트 → 만약 (이)라면 를 반복하기 블록 안에 연결한 후 a▼ 키를 눌렀는가? 를 조건 안에 끼워 넣어 만약 a▼ 키를 눌렀는가? (이)라면 로 수정합니다.

❺ [형태] 스크립트 → 다음 모양으로 바꾸기 를 조건 블록 안에 연결합니다.

❻ [제어] 스크립트 → 1 초 기다리기 를 조건 블록 안에 연결한 후 입력값(0.5)을 수정합니다.

❼ ❹~❻ 번과 같은 방법으로 'S'를 누르면 스프라이트를 45도 회전과 함께 0.5초 기다리도록 블록을 연결합니다.

❽ ❹~❻ 번과 같은 방법으로 SpaceBar 를 누르면 스프라이트를 이미지로 도장 찍도록 블록을 연결합니다.

❾ ❹~❻ 번과 같은 방법으로 'Z'를 누르면 실행 창의 이미지를 모두 지우도록 블록을 연결합니다.

❿ [깃발(🏳)]을 클릭한 후 칠교 조각을 이용하여 배경의 동물 모양을 만들어 봅니다. 또한 [이전배경]과 [다음배경] 등을 통해 배경 이미지 변경 및 소리 파일이 재생되는지 확인합니다.

02 스크래치 · 움직임에 따른 배경 전환 만들기

고양이 스프라이트의 좌우 움직임에 따라 해당 방향의 배경으로 전환되는 효과를 만들어
봅니다.

🧱 블록 구성

스크립트	블록	설명
[이벤트]	오른쪽 화살표 ▼ 키를 눌렀을 때	키보드의 특정 키를 눌렀을 때 하단의 스크립트 명령 블록을 실행합니다.
[감지]	x좌표 ▼ of 고양이 ▼	지정된 스프라이트의 x 좌표, y 좌표, 방향, 모양번호, 모양 이름, 크기, 음량 등을 알려줍니다.

가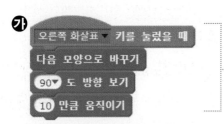

오른쪽 화살표 키를 눌렀을 때 모양을 바꾸어 가며 걷는 동작을 만들고 오른쪽 방향을 바라보며, 10만큼 이동합니다.

나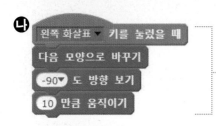

왼쪽 화살표 키를 눌렀을 때 모양을 바꾸어 가며 걷는 동작을 만들고 왼쪽 방향을 바라보며, 10만큼 이동합니다.

다

만약, 고양이의 x좌표값이 200보다 크면 배경을 다음 배경으로 바꾸고 고양이의 위치(x:-210, y:-100)를 이동합니다.

만약, 고양이의 x좌표값이 -210보다 작으면 배경을 이전 배경으로 바꾸고 고양이의 위치(x:200, y:-100)를 이동합니다.

가 ❶ [이벤트] 스크립트 → 오른쪽 화살표▼ 키를 눌렀을 때 를 스크립트 영역으로 드래그합니다.

❷ [형태] 스크립트 → 다음 모양으로 바꾸기 를 연결합니다.

❸ [동작] 스크립트 → 90▼ 도 방향 보기 를 연결합니다.

❹ [동작] 스크립트 → 10 만큼 움직이기 를 연결합니다.

❹ ① [이벤트] 스크립트 → `왼쪽 화살표 ▼ 키를 눌렀을 때` 를 스크립트 영역으로 드래그합니다.

② [형태] 스크립트 → `다음 모양으로 바꾸기` 를 연결합니다.

③ [동작] 스크립트 → `-90▼ 도 방향 보기` 를 연결합니다.

④ [동작] 스크립트 → `10 만큼 움직이기` 를 연결합니다.

❺ ① [이벤트] 스크립트 → `클릭했을 때` 를 스크립트 영역으로 드래그합니다.

② [제어] 스크립트 → `무한 반복하기` 를 연결합니다.

③ [제어] 스크립트 → `만약 (이)라면` 를 반복하기 블록 안에 연결합니다.

④ [연산] / [감지] 스크립트 → `[ ] > [ ]` 를 조건에 끼워 넣고 `x좌표 ▼ of 고양이 ▼` 및 입력값(200)을 양쪽 위치에 지정하여 `만약 x좌표 ▼ of 고양이 ▼ > 200 (이)라면` 로 수정합니다.

⑤ [형태] 스크립트 → `배경을 다음 배경으로 바꾸기 (으)로 바꾸기` 를 조건 블록 안에 연결합니다.

⑥ [동작] 스크립트 → `x: -210 y: -100 로 이동하기` 를 조건 블록 안에 연결합니다.

⑦ [제어] 스크립트 → `만약 (이)라면` 를 반복하기 블록 안에 연결합니다.

⑧ [연산] / [감지] 스크립트 → `[ ] < [ ]` 를 조건에 끼워 넣고 `x좌표 ▼ of 고양이 ▼` 및 입력값(-210)을 양쪽 위치에 지정하여 `만약 x좌표 ▼ of 고양이 ▼ < -210 (이)라면` 로 수정합니다.

⑨ [형태] 스크립트 → `배경을 이전 배경 ▼ (으)로 바꾸기` 를 조건 블록 안에 연결합니다.

⑩ [동작] 스크립트 → `x: 200 y: -100 로 이동하기` 를 조건 블록 안에 연결합니다.

⑪ [깃발(🏳)]을 클릭한 후 키보드의 좌우 방향키(◀, ▶)를 움직여 고양이 스프라이트가 이동하면서 좌우 화면 끝에 닿을 경우 배경이 전환 되는지 확인합니다.

단원종합평가문제

01 기상청 날씨 예보판 만들기

종합평가 14_01.sb2

오늘의 날씨 정보를 알려주는 기상청 날씨 예보판을 만들어 보세요.

❶ 기상청 메인(Main) 배경 화면

❷ 메인(Main) 화면에서 [맑음]을 눌렀을 때 배경

❸ 메인(Main) 화면에서 [흐림]을 눌렀을 때 배경

❹ 메인(Main) 화면에서 [비옴]을 눌렀을 때 배경

맑음 / 흐림 / 비옴

- 해당 스프라이트(맑음 / 흐림 / 비옴) 단추를 눌렀을 때 연관된 배경(맑음 / 흐림 / 비옴)으로 이동합니다.
- 연관된 배경으로 이동될 때 스프라이트 단추(맑음 / 흐림 / 비옴)를 숨기고 [Main] 단추를 표시합니다.

메인(Main)

- 해당 배경(맑음 / 흐림 / 비옴)에서 [Main] 단추를 클릭하면 기상청 메인(Main) 배경으로 이동합니다.
- 메인 배경으로 이동될 때 스프라이트 단추(맑음 / 흐림 / 비옴)를 표시하고 [Main] 단추를 숨깁니다.

Chapter 15 리스트 이해하기

 리스트란?

- 변수가 하나의 자료를 보관하는 공간이라면 리스트는 여러 개의 자료를 묶음으로 보관할 수 있는 공간을 의미합니다.
- 일반 프로그램에서 사용하는 배열과 유사한 개념으로 리스트의 순서 위치를 지정하여 자료의 입력 및 삭제, 수정 등을 할 수 있습니다.
- [데이터] 스크립트의 [리스트 만들기] 단추를 클릭하여 생성하며, 생성된 리스트에서 추가(+) 단추를 클릭하면 리스트의 길이 및 초기 입력값을 지정할 수 있습니다.

리스트 만들기

 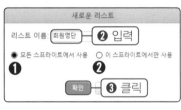 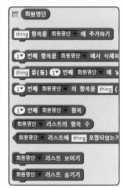

❶ **모든 스프라이트에서 사용** : 생성된 리스트를 현재 스프라이트 뿐만 아니라 프로젝트에 속하는 모든 스프라이트에서 사용할 수 있습니다.

❷ **이 스프라이트에서만 사용** : 생성된 리스트를 현재 스프라이트에서만 사용할 수 있습니다.

리스트의 길이 지정 및 초기값 입력하기

회원 추가 및 리스트에 추가된 회원을 확인할 수 있는 회원 관리 프로그램을 만들어 봅니다.

▲ [시작 깃발]을 클릭한 경우

▲ [선수추가] 단추를 클릭한 경우

▲ [명단보기] 단추를 클릭한 경우

▲ [선수발표] 단추를 클릭한 경우

 ## 블록 구성

스크립트	블록	설명
[데이터]	thing 항목을 리스트 ▼ 에 추가하기	지정된 리스트에 새로운 항목을 추가합니다.
[데이터]	1▼ 번째 항목을 리스트 ▼ 에서 삭제하기	리스트에서 지정된 위치의 항목을 삭제합니다.
[데이터]	리스트 ▼ 리스트의 항목 수	리스트의 항목 수(크기)를 알려줍니다.

변수 및 리스트 생성

❶ [이벤트] 스크립트 → 이 스프라이트가 클릭될 때를 스크립트 영역으로 드래그합니다.

❷ [이벤트] 스크립트 → 회원추가 ▼ 방송하기를 연결합니다.

❶ [이벤트] 스크립트 → 이 스프라이트가 클릭될 때를 스크립트 영역으로 드래그합니다.

❷ [이벤트] 스크립트 → 회원출력 ▼ 방송하기를 연결합니다.

❶ [이벤트] 스크립트 → 이 스프라이트가 클릭될 때를 스크립트 영역으로 드래그합니다.

❷ [데이터] 스크립트 → 회원명단 ▼ 리스트 보이기를 연결합니다.

❶ [이벤트] 스크립트 → 이 스프라이트가 클릭될 때를 스크립트 영역으로 드래그합니다.

❷ [데이터] 스크립트 → 회원명단 ▼ 리스트 숨기기를 연결합니다.

'카운터' 변수의 값을 '회원명단' 리스트의 항목 수로 지정한 후 해당 값 만큼 '회원명단' 리스트의 카운터 값에 해당하는 항목을 삭제하고 '카운터' 변수의 값을 −1만큼 차감하여 반복으로 실행하면 '회원명단' 리스트의 모든 항목 값을 삭제하게 됩니다. ('회원명단' 리스트 값의 초기화 과정)

'회원추가' 방송하기를 받았을 때 '순서' 변수의 값을 1씩 증가하여 다음 회원 순서에 '순서' 변수의 번호에 해당하는 회원 이름을 묻고 대답을 '회원명단' 리스트에 추가합니다.

'회원출력' 방송하기를 받았을 때 '출력순서' 변수의 값을 처음 1로 정하고 '순서' 변수의 값만큼 반복하여 ['출력순서' 번 타자 : '출력순서' 번째의 회원명단]을 2초 동안 말하기를 반복합니다. 이 때에 '출력순서' 변수의 값을 1씩 증가시켜 '회원명단' 리스트의 전체 내용을 2초마다 말하기를 통해 표현하도록 설정합니다.

가 ① [이벤트] 스크립트 → `클릭했을 때`를 스크립트 영역으로 드래그합니다.

② [데이터] 스크립트 → `카운터 ▼ 을(를) 0 로 정하기`를 연결 후 입력값에 `회원명단 ▼ 리스트의 항목 수`를 끼워 넣어 `카운터 ▼ 을(를) 회원명단 ▼ 리스트의 항목 수 로 정하기`로 수정합니다.

③ [제어] / [데이터] 스크립트 → `10 번 반복하기`를 연결한 후 입력값에 `카운터`를 끼워 넣어 `카운터 번 반복하기`로 수정합니다.

④ [데이터] 스크립트 → `1▼ 번째 항목을 회원명단 ▼ 에서 삭제하기`를 반복하기 블록 안에 연결한 후 입력값에 `카운터`를 끼워 넣어 `카운터 번째 항목을 회원명단 ▼ 에서 삭제하기`로 수정합니다.

⑤ [데이터] 스크립트 → `카운터 ▼ 을(를) 1 만큼 바꾸기`를 반복하기 블록 안에 연결한 후 입력값(-1)을 수정합니다.

⑥ [데이터] 스크립트 → `출력순서 ▼ 을(를) 0 로 정하기`를 연결합니다.

⑦ [데이터] 스크립트 → `순서 ▼ 을(를) 0 로 정하기`를 연결합니다.

나 ① [이벤트] 스크립트 → `회원추가 ▼ 을(를) 받았을 때`를 스크립트 영역으로 드래그합니다.

② [데이터] 스크립트 → `순서 ▼ 을(를) 1 만큼 바꾸기`를 연결합니다.

③ [감지] / [연산] / [데이터] 스크립트 → `What's your name? 묻고 기다리기`를 연결한 후 내용 부분에 [연산] 스크립트의 `hello 와 world 결합하기`를 끼워 넣고 [데이터] 스크립트의 `순서`와 내용(번 회원을 입력하세요.)을 연결하여 `순서 와 번 회원을 입력하세요. 결합하기 묻고 기다리기`로 수정합니다.

④ [데이터] / [감지] 스크립트 → `thing 항목을 회원명단 ▼ 에 추가하기`를 연결한 후 `대답`을 끼워 넣어 `대답 항목을 회원명단 ▼ 에 추가하기`로 수정합니다.

다 ① [이벤트] 스크립트 → `회원출력 ▼ 을(를) 받았을 때`를 스크립트 영역으로 드래그합니다.

② [데이터] 스크립트 → `출력순서 ▼ 을(를) 1 로 정하기`를 연결합니다.

③ [제어] / [데이터] 스크립트 → `10 번 반복하기`를 연결한 후 입력값에 `순서`를 끼워 넣어 `순서 번 반복하기`로 수정합니다.

④ [형태] / [연산] / [데이터] 스크립트 → `Hello! 을(를) 2 초동안 말하기`를 연결한 후 내용 부분에 `hello 와 world 결합하기`를 2번 끼워 넣어 `hello 와 hello 와 world 결합하기 결합하기 을(를) 2 초동안 말하기`로 수정한 다음 `출력순서`와 `1▼ 번째 회원명단 ▼ 항목`을 서로 연결하고 `출력순서`와 내용(번 타자)을 이용하여 연결 `출력순서 와 번 타자 : 와 출력순서 번째 회원명단 ▼ 항목 결합하기 결합하기 을(를) 2 초동안 말하기`로 수정합니다.

⑤ [데이터] 스크립트 → `출력순서 ▼ 을(를) 1 만큼 바꾸기`를 반복하기 블록 안에 연결합니다.

⑥ [깃발(▶)]을 클릭한 후 [선수추가] 및 [명단보기], [명단숨기기] 등의 사용과 [선수발표]를 통해 회원 정보를 정확하게 알려 주는지 확인합니다.

단원종합평가문제

종합평가 15_01.sb2

01 나라별 수도 알아 맞히기

리스트 기능을 이용하여 나라별 수도 알아 맞히기 게임을 만들어 보세요.
(총 문제 수 8개, 국가 및 수도 리스트 생성, 횟수 및 정답 변수 생성)

❶ 장면 (사회자의 수도 맞히기 게임 시작 알림)

❷ 장면 (묻고 기다리기를 통해 수도 입력)

❸ 장면 (결과를 말풍선을 이용하여 표시)

❹ 장면 (총 8문제 출제 후 결과를 표시)

사회자

• 국가 및 수도 리스트를 같은 횟수에 맞게 국가와 해당하는 수도를 입력하여 8개의 리스트를 작성하고 화면에서 숨깁니다. (예 : 국가 1번 항목 중국, 수도 1번 항목 베이징 등)

• 정답 및 횟수 변수를 작성하고 화면에서 숨깁니다.

• 깃발(🏳)을 클릭할 때 나라별 수도 맞히기 게임 시작 멘트를 말하기 블록으로 실행한 후 국가 리스트의 1번부터 수도를 [묻고 기다리기] 블록으로 [대답]을 얻어 수도 리스트의 값과 비교 맞을 경우 정답임을 말하기 블록으로 표시하고 [정답] 변수의 값(1)을 증가시킵니다. 같은 방법으로 8번을 반복하여 국가별 수도를 몇 번 맞히는지 알아봅니다.

02 새들의 결승점 빨리 통과 기록재기

종합평가 15_02.sb2

새들이 빨리 날아 결승점에 통과할 때의 기록 및 등수를 표시하는 경주 프로젝트를
완성해 보세요. (등수 및 기록 리스트 생성, 시작 및 결과확인 변수 생성)

❶ 장면 (심판의 경주를 알리는 말풍선)

❷ 장면 (5~1까지 카운트 다운)

❸ 장면 (출발 말풍선 표시)

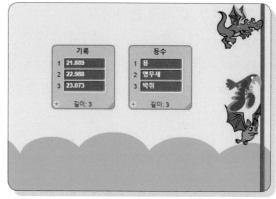

❹ 장면 (결승점 통화 후 경기 결과 리스트 표시)

심판

시작과 동시에 보인 상태에서 경주 시작을 알리고 카운트다운을 말한 후 출발과 함께 모습
을 숨기고 시작을 알리는 방송을 실행합니다.

박쥐 / 앵무새 / 용

처음 시작 위치에 대기하고 있다가 시작을 알리는 방송이 실행되고 결승점에 도달하기까지 임
의의 속도로 이동하여 결승점에 닿으면 등수 및 기록을 리스트에 기록하고 본인의 스프라이트
가 결승점에 통과했음을 결과확인 변수에 누적한 다음 결과를 표시하는 방송을 실행합니다.

무대

• 시작과 동시에 등수 및 기록 리스트의 이전 내용을 모두 삭제하고 타이머를 초기화 합니다.
• 결과를 알리는 방송이 실행되면 3명이 모두 결승점을 통과했는지 확인 후 등수 및 리스트를
  화면에 표시합니다.

Chapter 16 추가 블록 이해하기

 추가 블록 기능

• 추가 블록은 반복적이고 복잡한 과정을 간단하게 정의하여 사용할 수 있도록 도와주는 기능으로 특정 블록 묶음이 반복적으로 사용될 때 사용하면 편리하며, 사용자의 필요에 따라 프로그램을 쉽고 간결하게 작성할 때에도 사용합니다.

• 추가 블록은 필요한 명령어 블록들을 묶어 하나의 명령어를 만드는 방법으로 추가 블록에서 이름을 정의하고 스크립트 영역에서 필요한 블록들을 묶어 생성합니다.

배경 추가 및 배경 변경하기

❶ [추가 블록] 스크립트의 [블록 만들기] 단추를 클릭합니다.

❷ [새로운 블록] 대화상자에서 추가 블록의 이름을 정의합니다. 이 때, [선택사항]을 클릭하면 숫자 및 문자열, 논리값 등의 매개 변수 및 라벨 등을 추가하여 사용할 수 있습니다.

❸ 추가 블록의 이름이 정의되면 오른쪽 스크립트 영역에서 생성할 추가 블록에 필요한 명령어 블록들을 연결하여 만듭니다.

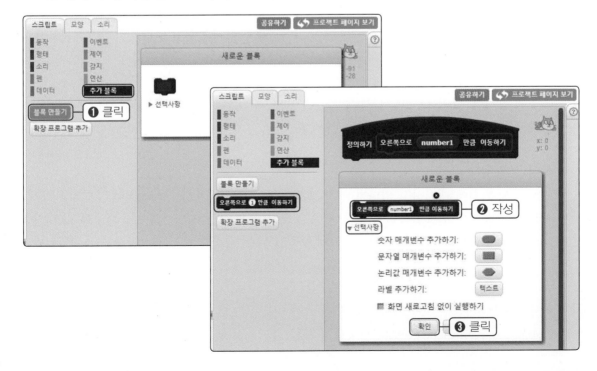

01 스크래치 · 날으는 고양이의 동작 만들기

추가 블록을 이용하여 날으는 고양이의 움직이는 동작을 만들어 봅니다.

🧱 블록 구성

스크립트	블록	설명
[추가 블록]	블록 만들기 — ■	추가 블록의 이름을 정의합니다.
[추가 블록]	선택사항 — ● / ■ / ◆ / 텍스트	추가 블록에 숫자, 문자열, 논리값, 라벨 등을 사용할 수 있습니다.

스크립트 코딩 과정

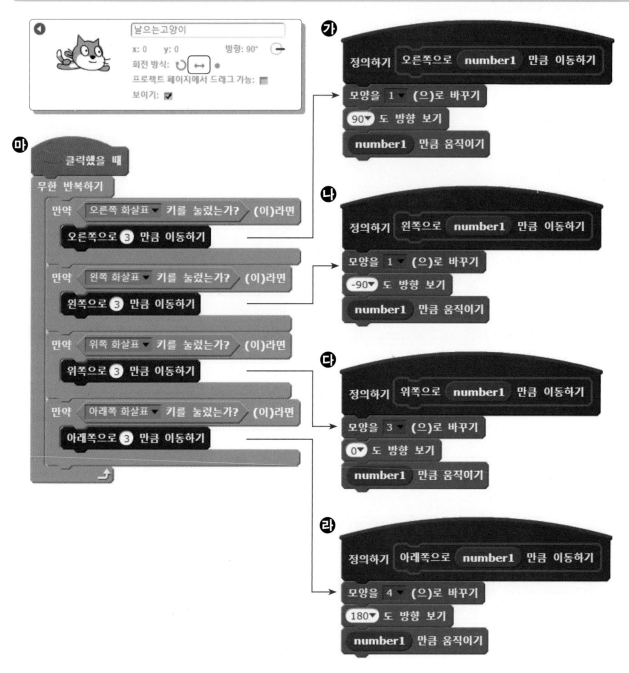

가 ❶ [추가 블록] 스크립트 → 블록 만들기 를 클릭한 후 [새로운 블록] 대화상자에서 ▬▬를 클릭한 다음 이름(오른쪽으로)을 입력하고 [선택사항]을 클릭합니다. 숫자 매개 변수 추가하기(▬)를 클릭한 후라벨 추가하기(텍스트)를 누르고 라벨 내용(만큼 이동하기)을 입력한 다음 [확인] 단추를 클릭합니다.

❷ [형태] 스크립트 → 모양을 1 ▼ (으)로 바꾸기 를 연결합니다.

❸ [동작] 스크립트 → 90▼ 도 방향 보기 를 연결합니다.

❹ [동작] 스크립트 → 10 만큼 움직이기 를 연결한 후 정의하기 블록의 number1 를 드래그하여 입력값에 추가 number1 만큼 움직이기 로 수정합니다.

❹ ❶ [추가 블록] 스크립트 → 블록 만들기 를 클릭한 후 [새로운 블록] 대화상자에서 ▬ 를 클릭한 다음 이름(왼쪽으로)을 입력하고 [선택사항]을 클릭합니다. 숫자 매개 변수 추가하기(⬤)를 클릭한 후 라벨 추가하기(텍스트)를 누르고 라벨 내용(만큼 이동하기)을 입력한 다음 [확인] 단추를 클릭합니다.

❷ [형태] 스크립트 → 모양을 1 ▼ (으)로 바꾸기 를 연결합니다.

❸ [동작] 스크립트 → -90 ▼ 도 방향 보기 를 연결합니다.

❹ [동작] 스크립트 → 10 만큼 움직이기 를 연결한 후 정의하기 블록의 **number1** 를 드래그하여 입력 값에 추가 **number1** 만큼 움직이기 로 수정합니다.

❺ ❶ [추가 블록] 스크립트 → 블록 만들기 를 클릭한 후 [새로운 블록] 대화상자에서 ▬ 를 클릭한 다음 이름(위쪽으로)을 입력하고 [선택사항]을 클릭합니다. 숫자 매개 변수 추가하기(⬤)를 클릭한 후 라벨 추가하기(텍스트)를 누르고 라벨 내용(만큼 이동하기)을 입력한 다음 [확인] 단추를 클릭합니다.

❷ [형태] 스크립트 → 모양을 3 ▼ (으)로 바꾸기 를 연결합니다.

❸ [동작] 스크립트 → 0 ▼ 도 방향 보기 를 연결합니다.

❹ [동작] 스크립트 → 10 만큼 움직이기 를 연결한 후 정의하기 블록의 **number1** 를 드래그하여 입력 값에 추가 **number1** 만큼 움직이기 로 수정합니다.

❻ ❶ [추가 블록] 스크립트 → 블록 만들기 를 클릭한 후 [새로운 블록] 대화상자에서 ▬ 를 클릭한 다음 이름(아래쪽으로)을 입력하고 [선택사항]을 클릭합니다. 숫자 매개 변수 추가하기(⬤)를 클릭한 후 라벨 추가하기(텍스트)를 누르고 라벨 내용(만큼 이동하기)을 입력한 다음 [확인] 단추를 클릭합니다.

❷ [형태] 스크립트 → 모양을 4 ▼ (으)로 바꾸기 를 연결합니다.

❸ [동작] 스크립트 → 180 ▼ 도 방향 보기 를 연결합니다.

❹ [동작] 스크립트 → 10 만큼 움직이기 를 연결한 후 정의하기 블록의 **number1** 를 드래그하여 입력 값에 추가 **number1** 만큼 움직이기 로 수정합니다.

마 ❶ [이벤트] 스크립트 → `클릭했을 때`를 스크립트 영역으로 드래그합니다.

❷ [제어] 스크립트 → `무한 반복하기`를 연결합니다.

❸ [제어] / [감지] 스크립트 → `만약 (이)라면`를 반복하기 블록 안에 연결한 후 [감지] 스크립트의 `오른쪽 화살표 ▼ 키를 눌렀는가?`를 끼워 넣어 `만약 오른쪽 화살표 ▼ 키를 눌렀는가? (이)라면`로 수정합니다.

❹ [추가 블록] 스크립트 → `오른쪽으로 ❶ 만큼 이동하기`를 조건 블록 안에 연결한 후 입력값(3)을 수정합니다.

❺ [제어] / [감지] 스크립트 → `만약 (이)라면`를 반복하기 블록 안에 연결한 후 [감지] 스크립트의 `왼쪽 화살표 ▼ 키를 눌렀는가?`를 끼워 넣어 `만약 왼쪽 화살표 ▼ 키를 눌렀는가? (이)라면`로 수정합니다.

❻ [추가 블록] 스크립트 → `왼쪽으로 ❶ 만큼 이동하기`를 조건 블록 안에 연결한 후 입력값(3)을 수정합니다.

❼ [제어] / [감지] 스크립트 → `만약 (이)라면`를 반복하기 블록 안에 연결한 후 [감지] 스크립트의 `위쪽 화살표 ▼ 키를 눌렀는가?`를 끼워 넣어 `만약 위쪽 화살표 ▼ 키를 눌렀는가? (이)라면`로 수정합니다.

❽ [추가 블록] 스크립트 → `위쪽으로 ❶ 만큼 이동하기`를 조건 블록 안에 연결한 후 입력값(3)을 수정합니다.

❾ [제어] / [감지] 스크립트 → `만약 (이)라면`를 반복하기 블록 안에 연결한 후 [감지] 스크립트의 `아래쪽 화살표 ▼ 키를 눌렀는가?`를 끼워 넣어 `만약 아래쪽 화살표 ▼ 키를 눌렀는가? (이)라면`로 수정합니다.

❿ [추가 블록] 스크립트 → `아래쪽으로 ❶ 만큼 이동하기`를 조건 블록 안에 연결한 후 입력값(3)을 수정합니다.

⓫ [깃발(🏴)]을 클릭한 후 방향키를 이용하여 날으는 고양이의 움직임을 확인합니다.

단원종합평가문제

01 자유롭게 움직이는 별 그림 만들기

종합평가 16_01.sb2

추가 블록을 이용하여 회전 및 색상을 자유롭게 조절하면서 실행 화면에서 자유롭게 움직이며 그림을 그리는 별을 만들어 보세요.

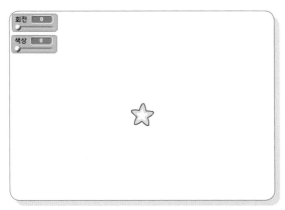

❶ 장면

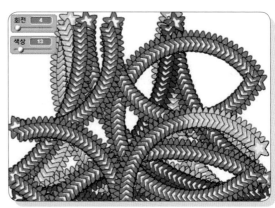

❷ 장면

❸ 장면

❹ 장면

추가 블록(그림 그리기)

회전 및 색상 변수를 슬라이드 형식으로 설정하고 해당 변수를 이용한 값으로 회전 및 색상을 변경하면서 10만큼씩 움직이면서 그림을 그리도록 설정합니다. 또한 벽에 닿으면 튕기도록 설정하여 실행 창에서 자유롭게 움직이도록 추가 블록을 작성합니다.

추가 블록(멈추기)

실행 창에서 자유롭게 그린 그림을 모두 지우고 가운데 위치(x : 0, y : 0)로 이동하여 90도 방향 보기로 처음 위치로 별을 옮기며, 모든 작동을 멈추도록 추가 블록을 작성합니다.

별

키보드의 A를 누르면 [그림 그리기], Z를 누르면 [멈추기] 추가 블록이 실행되며, S를 누르면 다음 모양으로 바뀌도록 설정합니다.

Chapter 17 바운스 볼 만들기

3초마다 임의의 위치로 이동하는 판을 이용하여 바닥에 떨어지지 않고 움직여 공을
튕기는 바운스 볼을 만들어 봅니다.

📕 오픈 프로젝트 활용하기

스크래치 사이트에서 '스크래치알고리즘(렉스미디어)'를 검색하면 [스크래치알고리즘(렉
스미디어)] 스튜디오가 표시되며, 프로그램의 사용 방법 및 정답 스크립트 등을 확인할
수 있습니다.

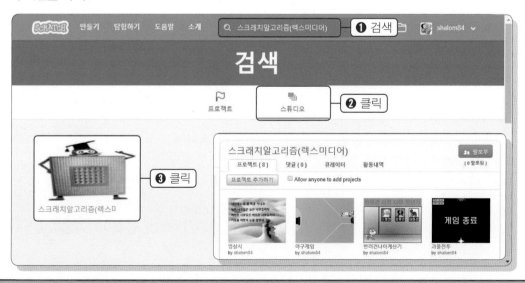

동작 과정

- 깃발(⚑)을 클릭하면 모든 판(판1~판3)이 가운데(x=0, y=0)에 위치해 있다가 3초가 경과 되면 Y 좌표 위치는 −60(판1), −110(판2), −160(판3) 등으로 고정하고 X좌표 위치는 임의의 위치로 바뀌면서 3초마다 반복 이동합니다.

- 깃발(⚑)을 클릭하면 볼이 X=0, Y=50 위치에서 시작하여 방향키(왼쪽/오른쪽 화살표)에 따라 좌우로 이동하며, 변수를 사용하여 높이를 설정하는데, 판(판1~판3)에 닿기 전까지 조금씩 값을 감소하여 판에 닿을 경우 다시 기본 높이값(15)을 부여합니다. 그렇게 되면 볼이 판에 닿을 경우 튕겨 바운스 볼의 효과가 표시됩니다.

- 만약 볼이 아래쪽 바닥에 해당하는 색에 닿을 경우 모든 코드를 멈추게 하여 게임을 종료합니다.

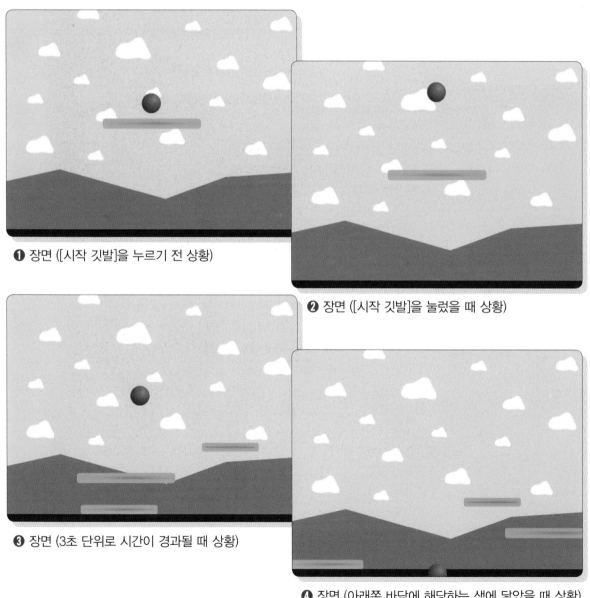

❶ 장면 ([시작 깃발]을 누르기 전 상황)

❷ 장면 ([시작 깃발]을 눌렀을 때 상황)

❸ 장면 (3초 단위로 시간이 경과될 때 상황)

❹ 장면 (아래쪽 바닥에 해당하는 색에 닿았을 때 상황)

속성

- 변수 : '높이' 변수를 생성하고 보이기를 체크 해제합니다.

핵심 스프라이트

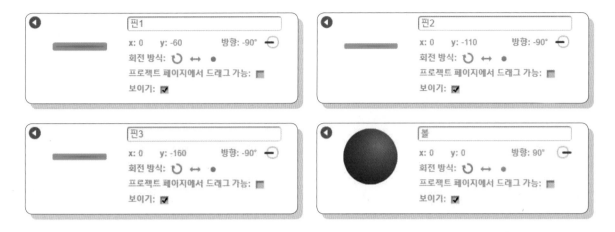

핵심 포인트

볼이 튕기도록 만드는 방법

볼이 상하로 움직이도록 하려면 Y 좌표값을 이용해야 하며, 높이 변수를 이용하여 Y 위치가 변수값 만큼 바뀌도록 하여 만약 판(판1~판3)에 닿은 경우 높이값(15)을 설정해 주고 그렇지 않은 경우 조금씩 차감(−1)하도록 만들면 공이 튕기는 효과를 만들 수 있습니다.

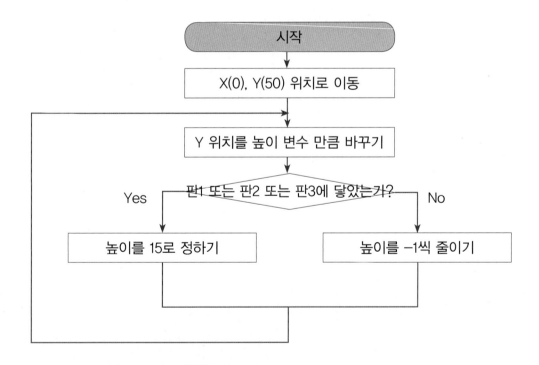

[볼] 스프라이트의 프로그램 코딩 TIP

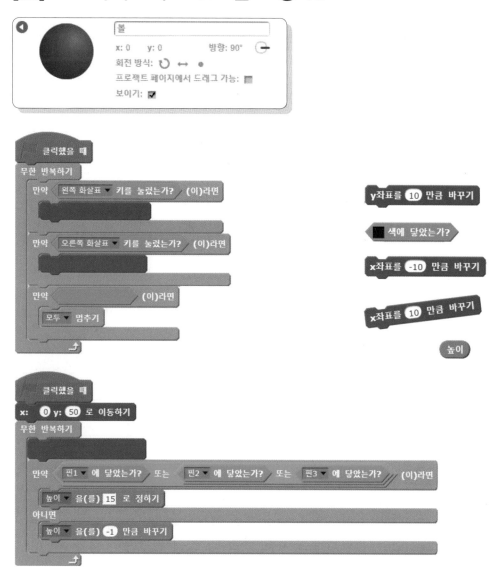

[판1] 스프라이트의 프로그램 코딩 TIP

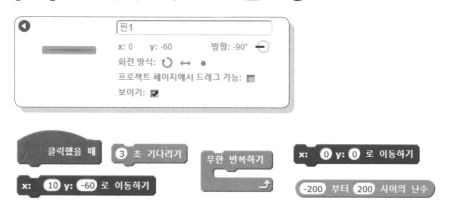

Chapter 18 출생년도로 띠 정보 알려주기

출생년도를 입력하면 띠 정보를 알려주는 프로그램을 코딩하여 만들어 봅니다.

 ## 오픈 프로젝트 활용하기

스크래치 사이트에서 '스크래치알고리즘(렉스미디어)'를 검색하면 [스크래치알고리즘(렉스미디어)] 스튜디오가 표시되며, 프로그램의 사용 방법 및 정답 스크립트 등을 확인할수 있습니다.

동작 과정 및 속성

동작 과정

• 깃발(🏴)을 클릭하면 '피코' 스프라이트의 말풍선(어느해가 궁금한지 연도를 입력해 보세요.)을 표시한 후 대답 연도를 숫자로 입력하면 입력한 연도의 간지(10간/12지) 정보 및 띠 정보를 풍선말로 표시합니다.

• 코딩 내용을 쉽게 이해할 수 있도록 10간 및 12지 등은 추가 블록을 이용하여 코딩합니다.

예 대답으로 2004를 입력했을 경우 결과

❶ 장면 ([시작 깃발]을 누른 후 상황)

❷ 장면 (연도를 입력하는 상황)

❸ 장면 (연도에 따른 간지를 풍선말로 표시하는 상황)

❹ 장면 (연도에 따른 띠 정보를 풍선말로 표시하는 상황)

속성

• 변수 : '띠', '10간', '12지' 변수를 생성하고 보이기를 체크 해제합니다.

• 추가블록 : '10간', '12지' 추가 블록을 생성하고 10간 및 12지와 띠를 계산하여 결과를 '10간' 및 '12지'와 '띠' 변수에 넣습니다.

핵심 스프라이트

핵심 포인트

간지 및 띠 계산 방법

10간 :	갑	을	병	정	무	기	경	신	임	계
	4	5	6	7	8	9	0	1	2	3

12지 :	자	축	인	묘	진	사	오	미	신	유	술	해
	4	5	6	7	8	9	10	11	0	1	2	3
	쥐	소	호랑이	토끼	용	뱀	말	양	원숭이	닭	개	돼지

- 10간 계산법 : 연도 / 10의 나머지 값에 따른 10간 숫자 매칭
- 12지 계산법 : 연도 / 12의 나머지 값에 따른 12지 숫자 매칭

예 2004년 : 2004 / 10의 나머지 값 = 4이므로 '갑', 2004 / 12의 나머지 값 = 0이므로 '신', 따라서 2004년은 갑신년 원숭이띠의 해

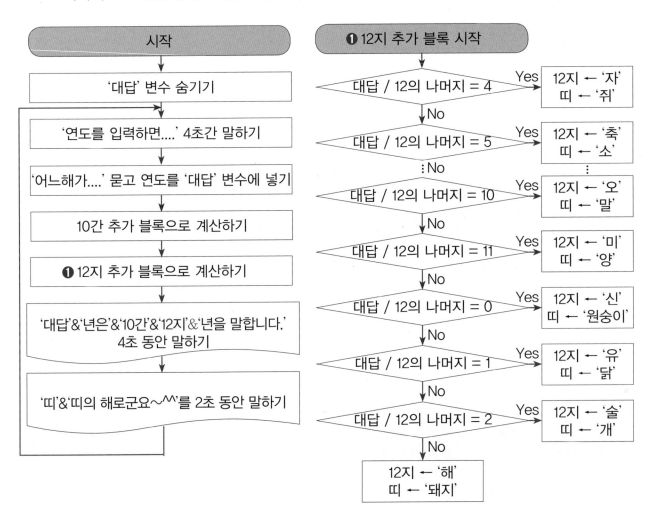

[피코] 스프라이트의 10간 추가 블록 조립 TIP

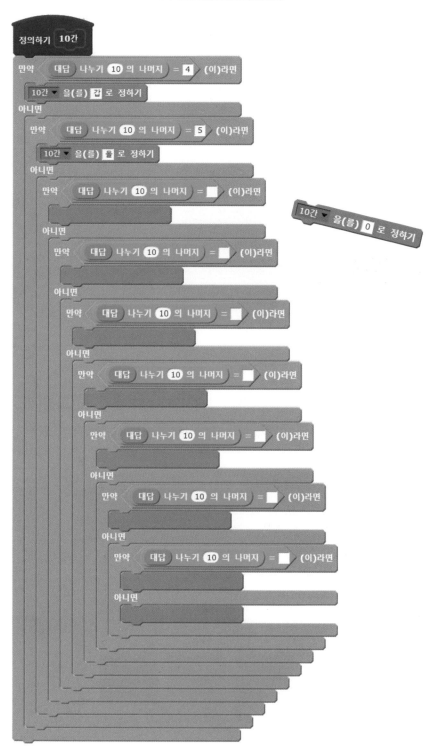

Chapter 19 예약 좌석 조회 프로그램

이름이나 전화 번호 등을 이용하여 예약 좌석을 조회한 후 좌석 정보를 알려주는 좌석 조회 프로그램을 만들어 봅니다.

📖 오픈 프로젝트 활용하기

스크래치 사이트에서 '스크래치알고리즘(렉스미디어)'를 검색하면 [스크래치알고리즘(렉스미디어)] 스튜디오가 표시되며, 프로그램의 사용 방법 및 정답 스크립트 등을 확인할 수 있습니다.

동작 과정 및 속성

동작 과정

• [이름 조회] 버튼을 클릭하면 고양이가 이름 입력을 요청하여 입력된 대답에 해당하는 이름이 명단에 있을 경우 해당하는 예약 좌석을 알려주고 없을 경우 이름이 없음을 표시합니다.

• [전화 번호 조회] 버튼을 클릭하면 고양이가 번호 입력을 요청하고 입력된 대답에 해당하는 번호가 명단에 있을 경우 해당하는 예약 좌석을 알려주고 없을 경우 번호가 없음을 표시합니다.

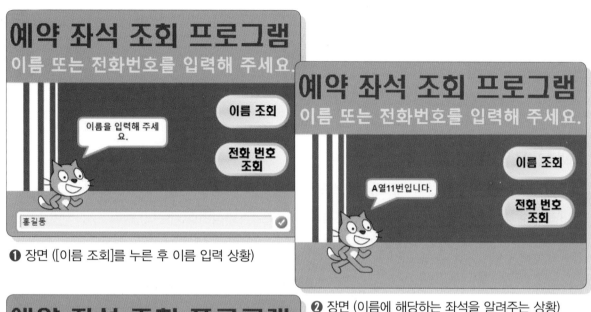

❶ 장면 ([이름 조회]를 누른 후 이름 입력 상황)

❷ 장면 (이름에 해당하는 좌석을 알려주는 상황)

❸ 장면 ([전화 번호 조회]를 통해 번호 입력 상황)

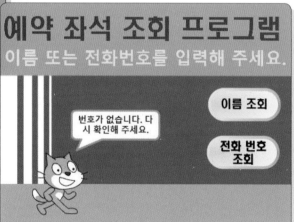

❹ 장면 (번호가 리스트에 없을 경우 알려주는 상황)

속성

• 방송하기 : '이름조회' 및 '번호조회' 등의 방송하기를 생성합니다.

• 변수 : '카운터' 변수를 생성하고 변수의 무대에서 보이기를 체크 해제합니다.

• 리스트 : '전화번호', '예약자', '좌석번호' 리스트를 생성하고 리스트 항목수(4) 설정 및 내용을 입력합니다. (주의 : 전화번호, 예약자, 좌석번호 등은 같은 항목 번호에 입력합니다.)

핵심 스프라이트

핵심 포인트

[이름 조회] 버튼을 눌렀을 때 고양이 스프라이트의 이름을 이용한 좌석번호 찾기 방법

대답과 예약자(카운터) 비교	예약자 리스트(4)	같으면 좌석번호(카운터) 출력	좌석번호 리스트(4)

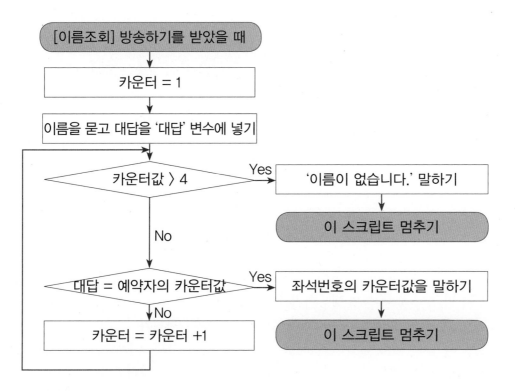

[고양이] 스프라이트의 이름조회 및 번호조회 방송하기 TIP

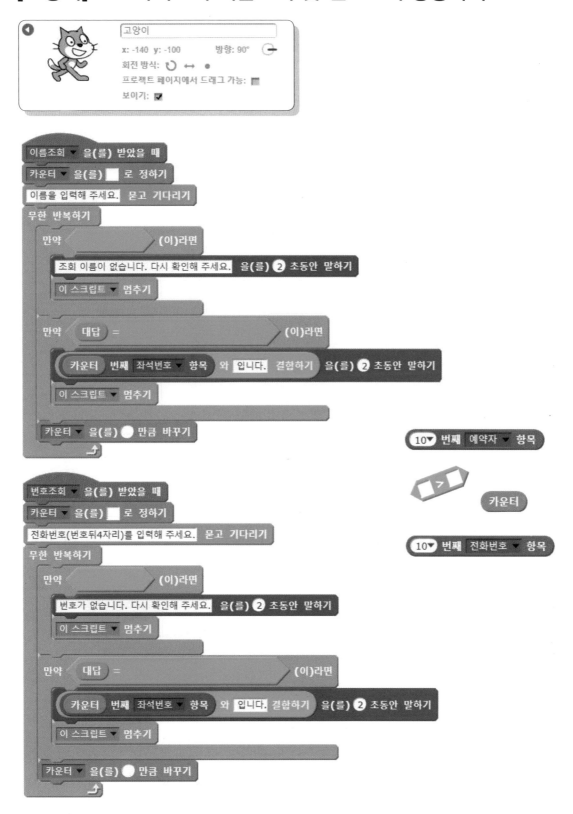

Chapter 20 목표물 맞추기 프로그램

실행 화면에 표시된 [Start] 단추를 클릭하여 화면 아래쪽에 표시된 화살을 복제하여 발사하고 발사된 화살로 좌우로 움직이는 표적을 맞추는 게임을 만들어 봅니다.

📖 오픈 프로젝트 활용하기

스크래치 사이트에서 '스크래치알고리즘(렉스미디어)'를 검색하면 [스크래치알고리즘(렉스미디어)] 스튜디오가 표시되며, 프로그램의 사용 방법 및 정답 스크립트 등을 확인할 수 있습니다.

동작 과정

- 깃발(🚩)을 클릭한 후 실행 화면 아래쪽 [Start] 단추를 클릭하여 화살에 방송하기 신호를 전달하면 화살이 복제되어 발사되고 좌우로 움직이는 표적을 맞추는 게임입니다.

- 10회의 기회를 통해 1번 맞출 때마다 점수가 10점씩 증가되고 명중리스트에 맞춘 경우 'O', 못 맞춘 경우 'X'를 표시합니다.

- 10회의 기회가 모두 끝나면 'Game Over'를 표시하고 게임을 종료합니다.

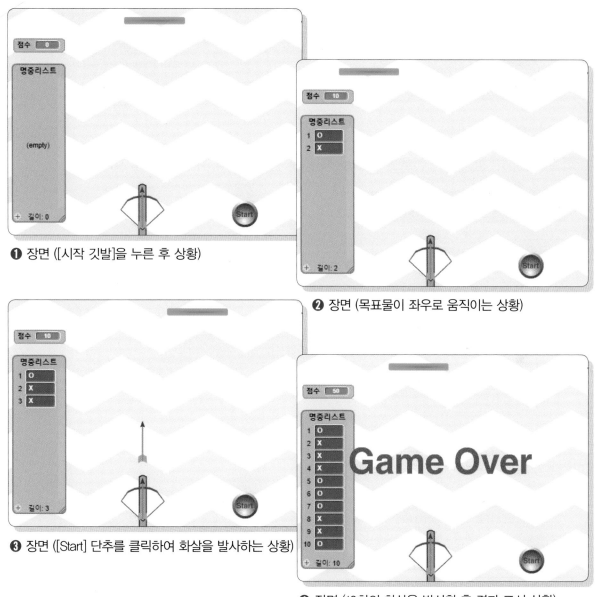

❶ 장면 ([시작 깃발]을 누른 후 상황)

❷ 장면 (목표물이 좌우로 움직이는 상황)

❸ 장면 ([Start] 단추를 클릭하여 화살을 발사하는 상황)

❹ 장면 (10회의 화살을 발사한 후 결과 표시 상황)

속성

- 방송하기 : '발사' 및 '게임종료' 방송하기를 생성합니다.

- 변수 : '점수' 및 '카운터' 변수를 생성하고 '카운터' 변수의 무대에서 보이기를 체크 해제합니다.

- 리스트 : '명중리스트' 리스트를 생성합니다.

핵심 스프라이트

핵심 포인트

화살이 [발사] 방송하기 신호를 받았을 때 횟수 증가 및 나 자신 복제하기

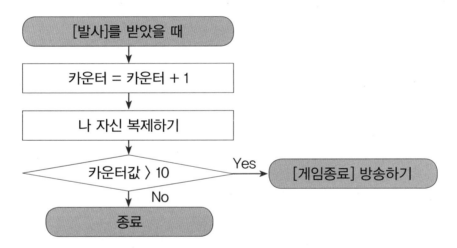

[목표물] 스프라이트의 움직임 만들기

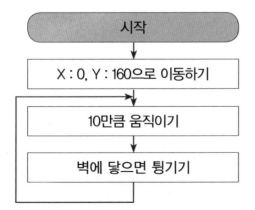

[화살] 스프라이트의 스크립트 TIP

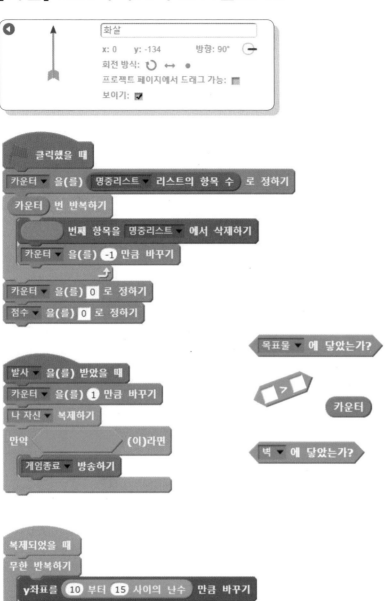

Chapter **21** 우주괴물 전투 프로그램

전투기를 좌우로 움직이면서 SpaceBar 를 눌러 총알을 발사하는 전투기와 좌우로 움직이면서 폭탄을 아래로 계속해서 떨어트리는 우주괴물과의 전투 프로그램을 코딩합니다.

 오픈 프로젝트 활용하기

스크래치 사이트에서 '스크래치알고리즘(렉스미디어)'를 검색하면 [스크래치알고리즘(렉스미디어)] 스튜디오가 표시되며, 프로그램의 사용 방법 및 정답 스크립트 등을 확인할 수 있습니다.

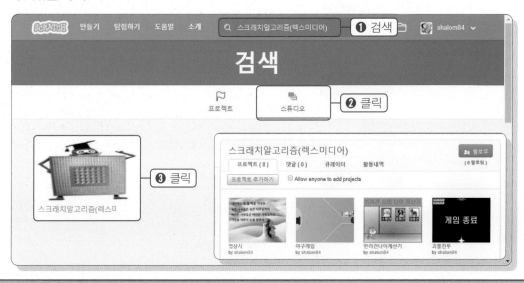

동작 과정

- 깃발(⚑)을 클릭하면 우주괴물이 위쪽에서 좌우로 움직이면서 폭탄을 발사하며, 폭탄에 전투기가 5회에 걸쳐 맞으면 게임이 종료됩니다.
- 전투기를 좌우 방향키를 이용하여 움직이면서 SpaceBar를 눌러 총알을 발사, 에너지 100인 우주괴물을 맞혀 조금씩 에너지를 감소시켜 에너지가 0이 되면 승리합니다.
- 게임 종료 및 게임 승리는 해당 이름의 스프라이트를 이용하며, 종료 및 승리 방송하기가 발생할 때 화면에 표시합니다.

❶ 장면 ([시작 깃발]을 누른 후 상황)

❷ 장면 (전투기를 움직이며 총을 쏘는 상황)

❸ 장면 (우주괴물의 에너지 소모로 승리한 상황)

❹ 장면 (전투기가 5번 폭탄에 맞아 게임이 종료되는 상황)

속성

- 방송하기 : '승리' 및 '종료' 방송하기를 생성합니다.
- 변수 : '에너지' 및 '전투기' 변수를 생성하고 화면에 표시합니다.

    '에너지'는 우주괴물의 체력값에 '전투기'는 전투기가 폭탄에 맞은 횟수를 위한 변수입니다.

핵심 스프라이트

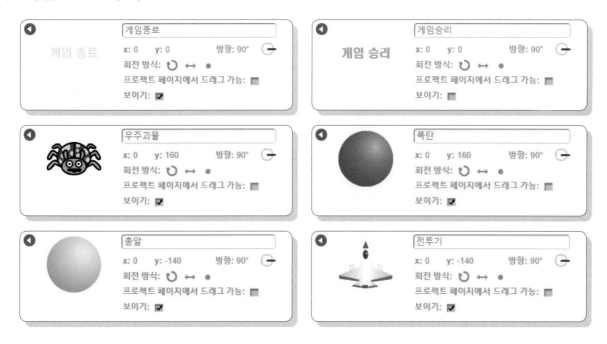

핵심 포인트

우주괴물의 움직임 및 에너지 비교 만들기

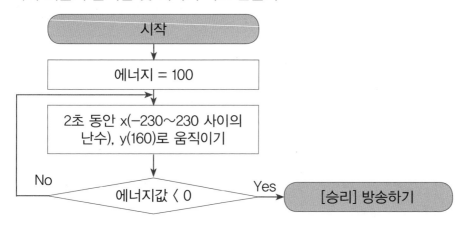

폭탄의 움직임 및 복제 만들기

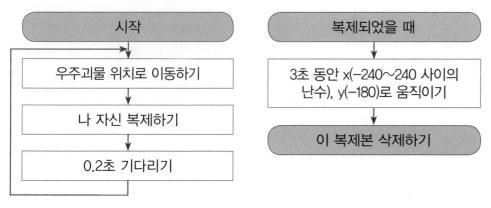

스크립트 영역

[해당 블록을 이용하여 프로젝트를 완성하시오]

[전투기] 스프라이트의 스크립트 TIP

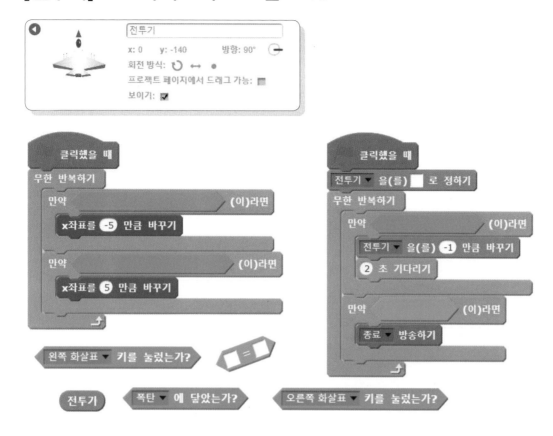

[총알] 스프라이트의 스크립트 TIP

Chapter **22** # 반려견 나이 계산기

반려견의 체형(크기) 선택 및 출생 나이를 입력했을 때 사람 나이로 몇 살에 해당하는지 계산하는 프로그램을 코딩합니다.

 ## 오픈 프로젝트 활용하기

스크래치 사이트에서 '스크래치알고리즘(렉스미디어)'를 검색하면 [스크래치알고리즘(렉스미디어)] 스튜디오가 표시되며, 프로그램의 사용 방법 및 정답 스크립트 등을 확인할 수 있습니다.

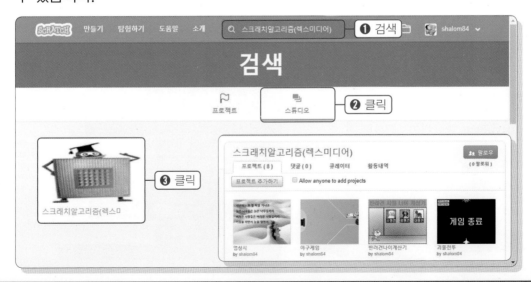

동작 과정

- 깃발(🏴)을 클릭한 후 반려견의 체형(크기)을 선택하면 선택한 반려견의 큰 배경 이미지가 한쪽 창에 표시됩니다.
- 반려견의 체형이 선택된 후 나이를 물어보고 대답을 통해 체형에 맞는 사람 나이를 리스트에서 검색하여 고양이 스프라이트가 대답해 주는 프로젝트를 완성합니다.
- 출생나이는 체형에 따라 1~17까지의 리스트만 사용하고 나머지 값이 입력될 경우 다시 입력을 받도록 설정합니다.

❶ 장면 ([시작 깃발]을 누른 후 상황)

❷ 장면 ([소형견]을 선택한 후 나이 입력 상황)

❸ 장면 (소형견의 나이에 따른 결과 표시 상황)

❹ 장면 (검색 나이를 벗어난 입력값이 들어왔을 때)

속성

- 리스트 : '소형견' 및 '중형견', '대형견' 리스트를 생성하고 리스트 항목 수(17) 및 내용(핵심 포인트 참조)을 입력합니다.

핵심 스프라이트

핵심 포인트

반려견의 체형(크기)에 따른 사람 나이 리스트 살펴보기

[대답] 변수와 비교

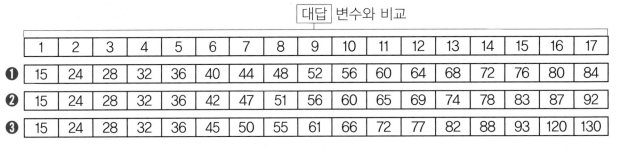

	1	2	3	4	5	6	7	8	9	10	11	12	13	14	15	16	17
❶	15	24	28	32	36	40	44	48	52	56	60	64	68	72	76	80	84
❷	15	24	28	32	36	42	47	51	56	60	65	69	74	78	83	87	92
❸	15	24	28	32	36	45	50	55	61	66	72	77	82	88	93	120	130

❶ [소형견] 리스트　　　　❷ [중형견] 리스트　　　　❸ [대형견] 리스트

소형견 나이 계산 방법

[소형견] 스프라이트를 클릭할 경우 [소형견배경] 스프라이트를 창에 표시한 후 강아지의 출생 나이를 묻고 [소형견] 리스트의 [대답] 번째 값을 말해준 다음 다시 처음 상태로 만듭니다.

중형견 나이 계산 방법

[중형견] 스프라이트를 클릭할 경우 [중형견배경] 스프라이트를 창에 표시한 후 강아지의 출생 나이를 묻고 [중형견] 리스트의 [대답] 번째 값을 말해준 다음 다시 처음 상태로 만듭니다.

대형견 나이 계산 방법

[대형견] 스프라이트를 클릭할 경우 [대형견배경] 스프라이트를 창에 표시한 후 강아지의 출생 나이를 묻고 [대형견] 리스트의 [대답] 번째 값을 말해준 다음 다시 처음 상태로 만듭니다.

[고양이] 스프라이트의 스크립트 TIP

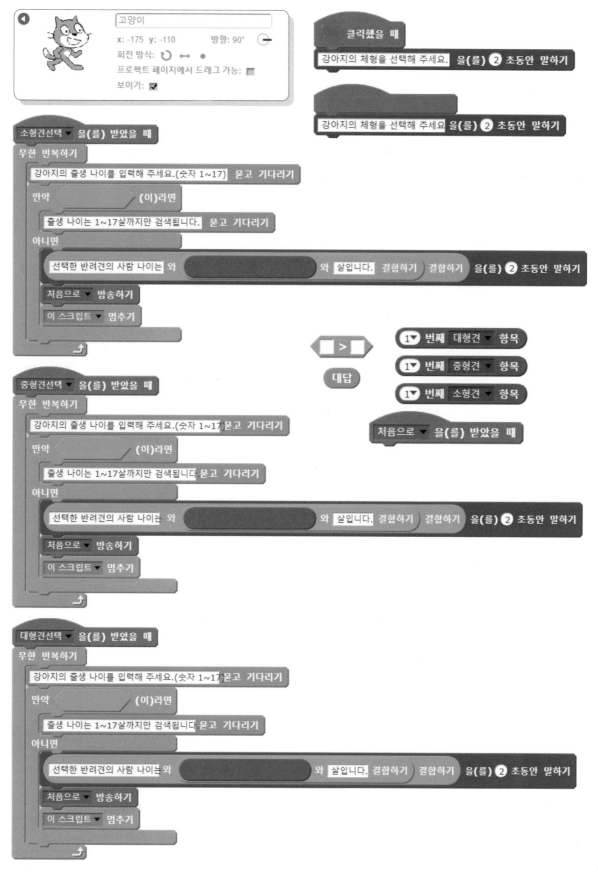

Chapter 23 야구 게임 만들기

타격 연습을 위한 피칭머신이 야구공을 던지면 타자가 특정 키를 눌러 배트를 스윙하여
타격 연습을 하는 프로그램을 코딩합니다.

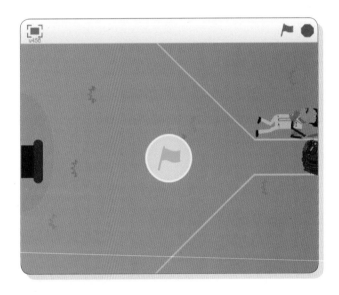

 ### 오픈 프로젝트 활용하기

스크래치 사이트에서 '스크래치알고리즘(렉스미디어)'를 검색하면 [스크래치알고리즘(렉
스미디어)] 스튜디오가 표시되며, 프로그램의 사용 방법 및 정답 스크립트 등을 확인할
수 있습니다.

동작 과정

- 깃발(🏴)을 클릭하면 피칭머신은 랜덤 시간(0.5~1초)에 움직이는 포수 글러브 위치로 임의의 속도(5~10)로 공을 던지도록 코딩합니다.
- 타자는 특정 키(SpaceBar)를 눌러 스윙을 하고 스윙하는 배트에 공이 맞을 경우 타격을 통해 야구공이 반대편으로 날아가도록 코딩합니다.

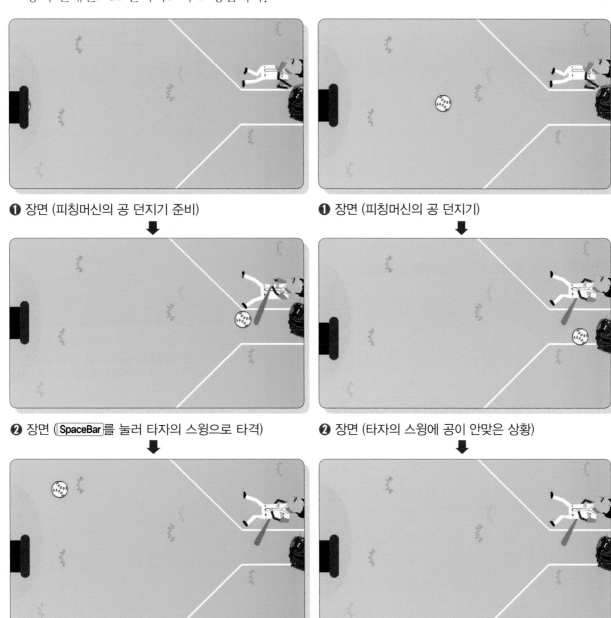

❶ 장면 (피칭머신의 공 던지기 준비)   ❶ 장면 (피칭머신의 공 던지기)

❷ 장면 (SpaceBar를 눌러 타자의 스윙으로 타격)   ❷ 장면 (타자의 스윙에 공이 안맞은 상황)

❸ 장면 (타자의 타격으로 공이 날아가는 상황)   ❸ 장면 (헛스윙으로 공이 타자를 지나가는 상황)

속성

- 방송하기 : '타격' 방송하기를 생성합니다.

핵심 스프라이트

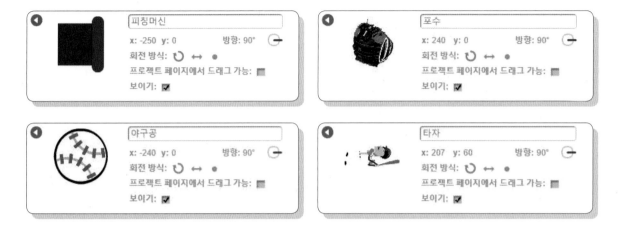

피칭머신	
x: -250 y: 0	방향: 90°
회전 방식:	
프로젝트 페이지에서 드래그 가능:	
보이기: ☑	

포수	
x: 240 y: 0	방향: 90°
회전 방식:	
프로젝트 페이지에서 드래그 가능:	
보이기: ☑	

야구공	
x: -240 y: 0	방향: 90°
회전 방식:	
프로젝트 페이지에서 드래그 가능:	
보이기: ☑	

타자	
x: 207 y: 60	방향: 90°
회전 방식:	
프로젝트 페이지에서 드래그 가능:	
보이기: ☑	

핵심 포인트

[야구공] 스프라이트의 움직임 살펴보기

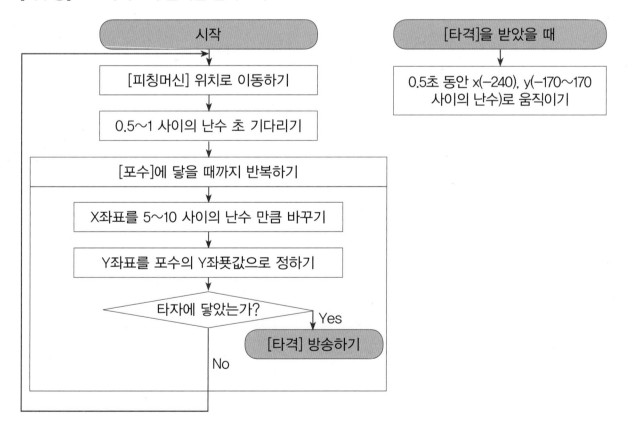

시작
- [피칭머신] 위치로 이동하기
- 0.5~1 사이의 난수 초 기다리기
- [포수]에 닿을 때까지 반복하기
  - X좌표를 5~10 사이의 난수 만큼 바꾸기
  - Y좌표를 포수의 Y좌푯값으로 정하기
  - 타자에 닿았는가? — Yes → [타격] 방송하기 / No

[타격]을 받았을 때
- 0.5초 동안 x(-240), y(-170~170 사이의 난수)로 움직이기

[타자] 스프라이트의 스크립트 TIP

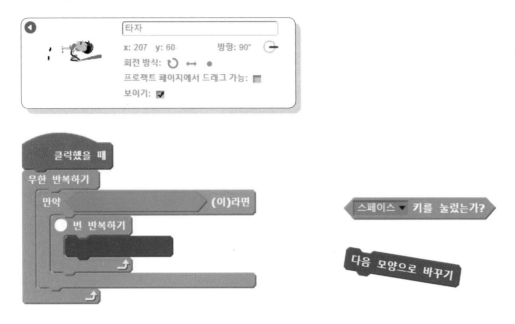

[피칭머신] 스프라이트의 스크립트 TIP

[포수] 스프라이트의 스크립트 TIP

Chapter 24 영상 시 만들기

배경 음악과 함께 배경이 반복적으로 전환되면서 시 제목과 내용이 화면 위쪽으로 조금씩 올라가며 반복으로 재생하는 영상시를 코딩해 봅니다.

📖 오픈 프로젝트 활용하기

스크래치 사이트에서 '스크래치알고리즘(렉스미디어)'를 검색하면 [스크래치알고리즘(렉스미디어)] 스튜디오가 표시되며, 프로그램의 사용 방법 및 정답 스크립트 등을 확인할 수 있습니다.

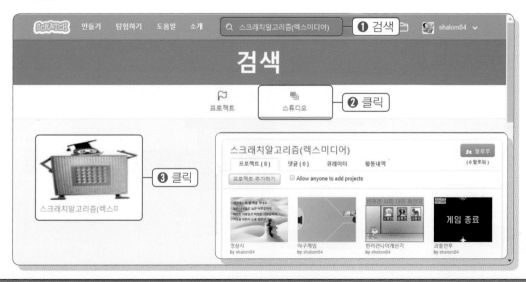

동작 과정

- 깃발(🚩)을 클릭하면 음악(음악.mp3) 파일이 반복하여 재생하면서 시 제목과 내용이 화면 아래 에서 위쪽으로 조금씩 올라갑니다.

- 시 제목 및 내용이 화면 위쪽으로 모두 올라가면 일정 시간이 지난 후 다시 반복하여 화면 위쪽 으로 조금씩 올라가도록 반복 설정합니다.

- 일정 시간(10초)이 경과되면 투명도 효과를 조금씩 바꾼 후 배경을 다음 배경으로 바꾸고 다시 투명도 효과를 조금씩 원래의 상태로 바꾸어 배경이 자연스럽게 변경되도록 설정합니다.

❶ 장면 (음악이 반복하여 재생되며, 시 제목과 내용이 아래에서 조금씩 위로 올라감)

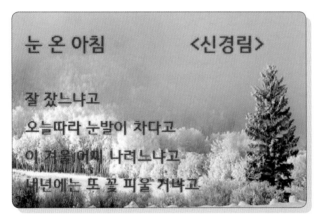
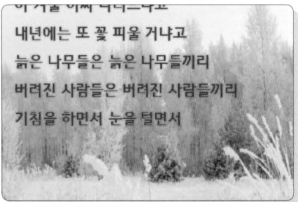

❷ 장면 (일정 시간이 되면 배경이 다음 배경으로 반복적으로 바뀌며, 바뀔 때 반투명 효과를 통해 배경을 전환)

❸ 장면 (시 내용이 모두 끝나면 일정 시간이 경과된 후 다시 처음부터 시 제목 및 내용을 반복하여 표시)

핵심 스프라이트

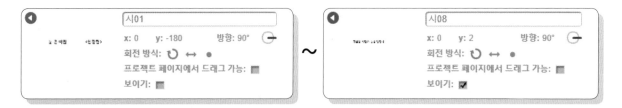

핵심 포인트

[깃발(🏳)]이 클릭될 때 [시01] ~ [시08] 스프라이트 살펴보기

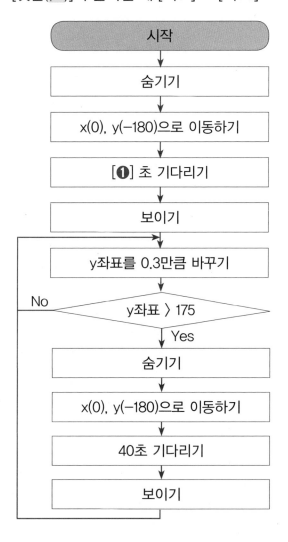

❶ [시01] ~ [시08] 스프라이트의 행 간격에 따라 시간을 임의로 조정하여 사용합니다.

[무대]의 배경 및 소리 파일 추가와 스크립트 TIP

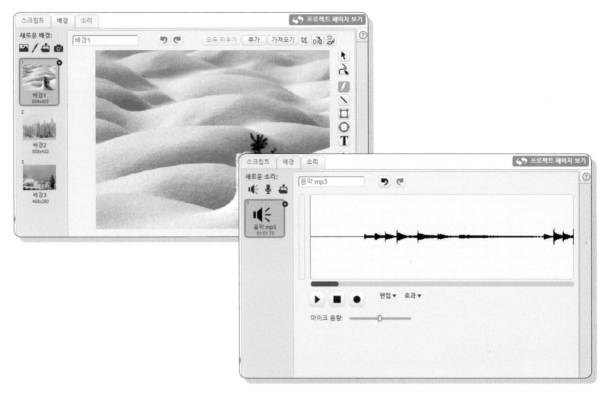

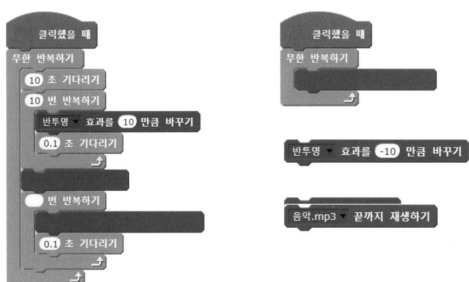

MEMO